願力的財富

釋 心道／著

目 錄

大願力，大福報

釋心道

觀念，是真正的財富，也是世俗財富的關鍵！觀念對了，就有好運氣、好善緣，就有好的開始。

願力，就是好的觀念。就是一念之間。

小我的願力到大我的願力，不管大小，不管凡聖，都是一心之間。心量有多大，慈悲就有多大；慈悲有多大，福報就有多大，所以我們學佛，要學習大心量、大願力、大慈悲。

我們可以學習聖者怎麼變成聖者，他是怎麼去發願、怎麼去愛心、慈悲、照顧眾生，做到鍥而不捨的生命關懷，所以他們得到群眾的信任與愛戴，成為一個守護眾生、守護心靈價值的聖賢。

　　眾生都是很現實，要看到好處才要，沒有好處不會走。所以現實沒有不好，但是重點是要看徹徹底底的好處，才是「真現實」。

　　學佛才會看到「真現實」，讓我們體悟到「你的生命要做什麼？」當你體悟到你與眾生生生世世密切相關連的一切，這一切記憶的連結網絡變成一個生命共同體，就是因果。因果連結就是彼此輪迴善惡好壞的一種意識現象，這就是世界。

　　你要怎麼了解這因果的基因學，生命網絡環扣生命記憶，形成生命的大輪迴，所以當你了解到，一念善惡都會牽連到生生世世無盡的生命關係的好壞，都是自己在受用，所以，你只有「諸惡莫作，眾善奉行，自淨其意」。

　　「諸惡莫作，眾善奉行」就是要找到慈悲的價值，普遍以大悲水去灌溉一切緣起，要有大願力。

「自淨其意」就是如何修心養性，如何明心見性，從明心見性到遍智的緣起，成就佛道這一即一切、一切即一，不可思議的境界，也就是成就心靈與物質共生、一如、不二的真如世界。

　　佛教講善因善果，「願力」就是善的財富，學佛就是種植、耕耘善的財富。「諸惡莫作，眾善奉行，自淨其意」就是願力的財富。

　　這本書，希望把我的願力故事供養給大家。

【採訪序】

因為相信，願力就能成真

呂政達

二〇一三年四月二十八日上靈鷲山採訪心道法師，為《願力的財富》一書做總結，當日身體相當難受，勉強支撐。

兩日後，腹脹如鼓，送往醫院急診，發現腎功能不足，住院兩週，開啓我的洗腎人生。醫師囑咐，若不想洗腎，就得等待換腎。從此，等待一顆新的腎，成為我的願力。

住院期間，初次洗腎，要在床上躺四個小時，接受血液在體內奔流來去的況味。初時懊悔沮喪，無法安臥，遂想起心道法師在寧靜運動的教導，眼觀鼻，鼻觀嘴，嘴觀心，心無所觀。「綁」在床上

反覆誦念，身體不得動彈，只有心仍然窩亂，意識流奔走不輟。在漫長似乎永無止境的時日裡，我時時默念心道法師教過的口訣，試圖讓心回到原點，因而度過了住院那段時間。

出院將近一個月後，我已開始固定洗腎，又在一個初夏的夜晚上山訪心道法師。心道法師慈悲關切我的病情，我誠實回答：「我從沒有想到會……」心道法師接著說：「面對生命的無常。」但這就是人生的功課，必須以自己的身口意去受此業，同時只有以堅定的信心和意志力，度過這場功課。

那時訪談已近尾聲，我們步出祖師殿，也就是靈鷲山最早的建物，一切一切的起源。就在此殊勝莊嚴之地，接續了我個人的願力，這絕不是偶然，日後，我在漫長的洗腎床上，常常想起那夜心道法師慈祥的眼神，他傳達給我的克服疾病的力量。

　　每個人的願力都是不一樣的，於我現在，當然是抱持身體能夠重生起動的願力，而心道法師自少年刺青發「不成佛絕不休」的心願後，到建設起靈鷲山的這三十年，每個願力都是綿綿不斷、接踵來到的。願力的背後動力是相信，相信自己所做的，就是菩薩所要的。只要相信，就必能有成。於我，願力還有著「希望」的成分，希望變成一顆種子，並希望這個種子能夠綻放成花。

　　告別心道法師，夜涼露重，想請師父止步，早些休息。但師父說：「我陪你走一段吧。」我們信步走到華藏海大殿，殿內燈火明亮，燃起種種香，莊嚴清靜，明天就要啟程往普陀山安奉的多羅觀音，以一身鎏金站立之姿迎對眾人，心道師父跟我說起鑄佛像的神聖功德，要我虔心參拜，他說：「你的願力一定會完成的，一定會有感應。」

　　那一刻，彷彿我敗壞的腎也參與了這場合

奏，順著心道法師安定人心的語音，跟我說：「加油。」

那一刻，耳邊響起從前讀保羅‧科爾賀的《牧羊少年奇幻之旅》時非常喜歡的一句話，那是撒冷之王對男孩說的：「當你真的渴望某樣東西時，整個宇宙都會聯合起來幫助你完成。」

重新回到心道法師離奇的生命之旅，和從無到有、從有到輝煌的志業建設，他說，他的願力只要是觀音菩薩要的，就一定會實現。他從無一時一刻退念，從不間斷對觀音菩薩的信念。這個信，就是一切願力或得實踐的基礎。我想，師父啊，您願力的背後有一整個宇宙在支撐。

那夜，心道師父送我坐上車，又勉勵我面對自己的身口意之苦，要我勤念經、拜懺，終會有奇妙的感應。其實，就在山上的深夜，漁火稀疏，一月如盤，我的願力感應已經開始。

第一願 願，世界遠離戰爭

　　佛子、菩薩摩訶薩作大國王，於法自在，普行教命，令除殺業。閻浮提內，城邑聚落，一切屠殺，皆令禁斷。無足二足四足多足，種種生類，普施無畏、無欲奮心，廣修一切菩薩諸行，仁慈莅物，不行侵惱，發妙寶心，安隱眾生，於諸佛所，立深志樂，常自安住三種淨戒，亦令眾生如是安住，菩薩摩訶薩。令諸眾生住於五戒，永斷殺業，以此善根，如是迴向。

　　　　　　　　——《大方廣佛華嚴經》〈十迴向品〉

　　我的生命，是為了推動和平而來，但回過頭看看，做得還是很不夠，如果用十分來看，到現在我給自己打的分數是六分。

　　我們是小人物、處於大時代。我們這一群幼年兵沒有一個大人物，都是很平凡的人，完全是在時

代的牽動裡面，一個人這樣去努力，這樣去轉換自己，變成對社會有好處的人。

我是戰爭的產物

因為出生的關係，我們經歷過滇緬戰爭的時代，小時候被游擊隊收養，一路從上緬甸被帶到下緬甸，再從寮國到台灣。叢林野戰的過程中，生命朝不保夕，過一天是一天，戰場上的人沒有輸贏，只有死活。從那時起我就討厭戰爭，一直在想如何「消滅」戰爭？和平如何才能夠到來？

我想過的方法分成「文的」和「武的」兩種。

「武的」方法，就是以戰止戰，打倒一切發起戰爭的人，我想用更大的戰來阻止那些帶頭的好戰者，用打的方式把戰爭「消滅掉」。但是回想起

來，我們看看古今中外，沒有人是這樣把和平帶來的，戰爭就像傳染病，越打越擴大，即使你獲得了勝利，大概一片生靈塗炭，和平維持不了多久，總會有人重啓戰端。中國歷史上那些發動戰爭的人，包括當代這些世界的強人，打那麼多年的仗，到頭來又如何？所以，「武的」走不通，那「文的」方法是什麼？

我就想要找出戰爭的原因？找出不和平的原因？如何避免戰爭？如何釀造和平？如何孕育和平的基因？提升戰爭的免疫力？我想到的「文的」出路，就是我出家，然後以出家人的身分，來做和平的事情。我一生就是捨命作修行，我要找到離苦得樂，找回自己內心的和平，當我隨時帶給別人和平時，就是最實際的和平工作。

和平，如果不是從內心真心啓動，往往是更多爭端的藉口。人類發動二次世界大戰難道不夠血淋

淋？現在世界各地還在發生很多衝突，尤其很多第三世界地區的爭端到底為了什麼？現在的時代為什麼滋生很多恐怖主義？戰爭到底是為了什麼？打來打去到後來雙方只剩茫然無奈，卻造成很大的創傷，地球環境也被破壞了！當年我們游擊隊同袍為了國家打，打到緬甸、泰國、寮國時，回不了家園，飄零在異鄉，即使到了台灣也有很多不適應，有的甚至抑鬱而終，走上了絕路，看到這些為何而戰的問題，一直在我內心發酵。

佛國緬甸的失落

我出生在上緬甸。從古以來這裡就崇佛信佛，緬人最驕傲的就是全世界只有緬甸有佛陀的頭髮，這是佛陀生前給緬甸的信物，緬甸的文化是從佛陀時代就傳下來了。兩千多年來緬甸一直是上座部佛

教的福地，佛陀曾經親手拔下八根頭髮給兩位緬甸商人，讓他們帶回供奉，佛髮代表佛法，從此這個「髮緣起」在緬甸生根綿延不斷。仰光大金塔就供奉著這幾根佛陀的頭髮至今。

在緬甸，人人從小都要出家一次，每天清晨，家家戶戶都會把食物拿出來輪流供僧；僧人奉持佛陀的戒律、寂靜禪定，生活嚴謹，國家也支持這些僧侶持戒、托缽化緣；一九四八年緬甸獨立以來，還有十二位通國家考試的三藏比丘，他們把巴利《大藏經》全部背誦下來，這些三藏比丘終生都受國家供養。蒲甘王朝留下來的佛塔更是鼎盛一時，這裡是東南亞佛教流傳的重地，佛陀的教化在這裡從來沒有中斷過。緬甸自古一直很自足而富裕，一直到被外族統治的二戰期間。

現在大家都說緬甸經濟很落後，GDP 很差，很窮，大家希望緬甸開放後，全球可以來這裡投

資，讓這裡趕上現代化的繁榮。可是我卻覺得全球都在追求經濟成長、追求效益競爭，這本身就是一個錯誤。這好像是二戰後很多第三世界國家難以迴避的命運。

沒想到有一天我會以出家人的身分回到緬甸。這是我離開緬甸三十年後的事情。

童年加上緬甸，等於我對母親與戰爭的印象總合。母親離開之後，我當了小小兵。來到台灣以後，我一直想回去緬甸尋找我的母親，這一生我還是盡可能要圓滿父母恩。這個願望直到一九九〇年後，我才有機會回去尋親。

當初也不是要當兵，是為了讀書，卻糊里糊塗就當上兵。因為遇到一個在游擊隊的軍人，我跟他說我想要讀書，他說你只要跟我下去，就有書可以讀。我在上緬甸，他要我隨軍下去，就可以讀

到書。當時我的父親已經被土匪殺死，母親不知去向，我跟著姑父討生活，姑父娶了新姑母，更辛苦，我像拖油瓶，雖然小小心裡萬般不捨姑父，還是隨軍離開了家鄉。

我遇到的都是很好的人，後來軍隊把我交給董生有隊長。我太瘦小，行軍時什麼也不能做。董生有後來就常回憶說，他這輩子最得意的事，就是把我和普漢雲從上緬甸抱到下緬甸，帶到了台灣來，我們兩個後來一個當了和尚，一個當上將軍，這是他最大的成就感。台灣哺育了我，徹底改變了我的一生。

那時緬甸邊區戰火未歇，民族統一的爭端不斷，靠近泰國一帶比較多信奉基督教的少數民族，處於內亂不統一，靠近孟加拉、巴基斯坦則不時有零星回佛衝突，接近中國和印度邊界的上緬甸更是騷動。緬甸一直存在多民族的爭端問題，邊地的小

孩更是無政府狀態，沒有讀書的機會，我卻一心想
念書，想識字，所以九、十歲前就是一路跟著游擊
隊「等待讀書」。

戰亂中的幸運兒

當兵先受三個月訓練，其實沒學什麼，就學聽
口令、排隊形這些，我這個小小兵被挑到指揮中
心，變成參謀長的傳令兵。參謀長對我很好，簡直
當成兒子一般照顧，什麼事都不讓我做。穿襪、穿
衣，我都不太行，什麼都不太會，他都會幫我，反
而像他在服侍我。睡覺時，幫我弄張小床，我就睡
在他旁邊。我只記得幫他做過一件比較像樣的事就
是，有一次他要抽鴉片，要到比較遠的地方去抽，
時間太晚還沒回來，我就帶著他的手槍和衣服送去
給他。我很少給他服務，我不曉得怎麼服務他，其
他也沒做什麼事了。

　　還有一位劉副軍長，對我很好，有事沒事就要我幫他捶背，我貪玩，一捶、兩捶，捶了個幾下又溜跑去玩了，但他還是要叫我回來捶背。後來，他在景東戰役，緬甸政府軍和我方游擊隊對打的戰火中戰死。

　　後來這參謀長調回台灣受訓，從此我就無家可歸了，我又被調屬到三軍，師長張國杞，他非常護我。然後開始就要打野外，那段時間內，所有這個部隊的訓練就開始了，我就接受那些打仗的技術訓練，包括操槍、打靶、丟手榴彈，還有人家攻打我們，我們要怎樣攻守的戰術等等。然後就要被派駐守，就是守要塞，但是師長覺得我站衛兵太小，被捏掉都不知道，所以也沒什麼機會去站衛兵，只有幫忙找野菜、洗菜、弄菜，還有跑腿的份。

　　緬甸政府不容我們，也用國際施壓，我們一路退到寮國邊區，過程很驚險，但我卻遇到許多對我

很慈悲的人。有位輔導長叫黃奉垓，他看我連背包都背不動，他自己背上已經有很重一大袋了，還來幫我背我的袋子，一路上他都在照顧我。

有時晚上我們兩個會溜去抓青蛙、烏龜來吃，那個時候也沒有什麼東西可吃的，只能這樣打野食。我負責拿燈，他負責下水澤裡抓，那時也沒有什麼好怕的。後來部隊在晚上撤退，敵軍快要趕上來了，他還會牽著我的手趕路，怕我失散，有的時候我這小鬼走不動了，還有人來背我。我只有一丁點，也不重，二十公斤都不到的人。

有一次，我去軍部探普漢雲，我們是一起從上緬甸出來的小兵，那天晚上沒有回到團部睡覺，第二天回來，就被關進土洞裡。

那土洞就像一個大口袋，裡面關死過許多人，黑黑的，陰氣很重，隱約看到有一個人還被吊在那

裡，我就開始哇哇叫，大呼大叫，不知道叫了多久，叫的比管我的軍士喝斥我的聲音還大，他煩不勝煩，才把我放出土洞，改關在木頭籠子裡，關了四天才放出來。

那一個要塞很恐怖。一到晚上，約八、九點開始，到十點左右，會聽見喊衝喊殺的聲音，從四面八方衝過來的聲音，一直就是聽到殺！殺殺殺！……白天卻沒有。事實是沒有人的。但確實就像準時播映的電影，晚上，聲音會一直殺過來。

沒多久，部隊撤走了，那個要塞真的被敵軍所占領。

我們的部隊，其實是台灣國民政府蔣介石的軍隊在支援的，平時要等待台灣的飛機空投物資，沒有空投就沒有物資，要自己想辦法活下去，沒有辦法就是去賣鴉片，就是有這些管道。戰後我們這支

等於是被國際遺棄的游擊隊，緬甸政府視我們如芒刺在背，也拿我們無輒，轟炸傷不到我們，地面攻擊也被我們擊退，緬甸政府就找西南共軍游擊隊來打我們。

生死只差一步

撤退到一處新的基地，離寮國頗近，我們守在邊境一座最高的山、最遠的地方。不久，又打仗了，緬甸政府軍也來打，打不下來，共產黨也來打，他們用摸的，白天引誘你，聲東擊西，耗損你的彈藥，晚上就摸上來，快摸到山頂，因為太黑，誰也不知道誰，我們剛好這個時候接到一個指令，就開打了。劈哩啪啦！像放鞭炮一樣，人就一個一個流血受傷倒了。他們不讓我拿槍，我就是拼命躲。這樣打了好幾個晚上，正緊急時，接獲指揮部

命令要我們立刻撤退。那時晚上十二點多，他們就快摸到山頂上的時候，我們一面走，他們一面追，這樣一面走一面追，追到我們都過了江，跑到寮國來，他們很不高興地掃射江面。如果沒有即時撤，大概就被摸掉了。他們晚上打仗很厲害，一軍、二軍和四軍就是這樣整團都被殲滅，剩下老弱殘兵，都跑了。只剩三、五軍，我屬於三軍。

冥冥中也許菩薩庇佑，就差那麼一步，生與死的隔閡。進到寮國，我們開始做機場，然後就是接到要撤台的命令，部隊剩約三千人要撤退到台灣，不跟的就留下了，各走各的命運。

後來常有人問，打仗是什麼感覺？其實是來不及感覺什麼，就發生了，你覺得四處都在放鞭炮，小孩子也不知道要怕。但是當人倒下去時，流血和死亡這麼逼近，生命就這樣結束了，你只有接受。還不是只有軍人在戰爭中死去，死的如果都是軍人

也就算了，打起來時，管不到誰是誰，有時候亂槍打，沒有關係的人也都打死了，一個村莊在一陣砲火轟擊後就摧毀殆盡，死去多少無辜的平民百姓。

這個戰爭，到底是怎麼一回事？就是讓我慢慢一直去想。

戰爭是殘酷的。我在部隊中，誰都對我好，只要有人死掉或受傷，我都非常的難過，就很不舒服，那麼好的人，怎麼就死掉？為什麼死？死後到哪裡去？決定要撤退時，他們有的要留下來，有的到台灣了，我早也哭、晚也哭，就是一直哭，不知如何是好，兩邊都有好朋友，後來張國杞師長就把我抱到飛機上去，讓我到台灣來了，他自己卻咬著牙、黯然留了下來，我就這樣一路哭別了家鄉與袍澤。

菩薩庇護著，我們曾經是這樣沒完沒了、共生在一起的一群。他們有的後來就到了泰國，歸屬泰

國公民，有很多老兵現在還在世，大家會想盡辦法再聚一聚。感恩經過二、三十年後，我跟張國杞師長終於活著再次見到面，大時代的感覺還是那麼深刻。其他第二代、第三代也陸陸續續在兩岸三地都聯繫上了。

只是這下一代，他們有的會覺得那是「你們的」戰爭，你們爭地盤來的，他們不曉得我們那個時代的過程，不是為了爭地盤，那到底戰爭為了什麼？他們會說你們是「無謂的」犧牲！一場世難國仇，到了第二代變成是「無謂的」犧牲？事實上，不是為了爭地盤，真是「大無畏」地去打仗、賣命，結果卻回不去了，只能住在難民營，還有現在他們會有自己是弱勢的想法，覺得沒有被照顧到，沒有回饋。我們出來的還好一點，也是覺得應該為他們多做什麼，就是盡力而為，後來就想辦法幫他們蓋學校、資助辦教育等等。

招引忠魂回歸故里

戰爭陰影籠罩我的童年，雖然一路很多顛沛，也很多有趣的生活，很多感恩的人事物，甚至到後來戰爭已經不知所云，有時為卿而戰，卿已負我；為國而戰，人事已非，戰爭把我們都拖進一個敵我模糊的大黑洞，只剩下無常與因果，還有無盡的輪迴糾纏，就是一個這樣的過程。這些東西，都是戰爭過後，我們慢慢才會去回想的。

二○一一年九月十四日，上萬滇緬遠征軍的遺族聚集在雲南騰衝，這一天，天空忽晴忽雨，又悲又喜，生死兩茫茫。我的一位好朋友，雲南省佛教協會刀述仁會長籌備許久，邀我回去國殤墓園擔任主祭法師之一，一方面因為我祖籍騰衝，一方面我是遠征軍後代，是真的經過滇緬戰爭的遺孤。這是在一九四四年五月騰衝戰役勝利後第六十七年，這場戰役穩住了大西南，加速了一九四五年九月全面

抗日的勝利。這是戰後第一次由兩岸三乘法師共同為這些中國遠征軍出國抗戰的軍魂舉行「忠魂歸國」超薦，也圓滿了這些慘死異鄉的軍魂的渴盼。超過一甲子的落寞，他們終於有機會被後代家人挖掘出遺骸，再重新把骨灰迎回家園安葬。這是我第一次回到雲南的情況，也是第一次踏在自己家鄉的土地上，我親自為童年這一群客死緬甸的鄉親袍澤們作引魂追思。然而，被超薦的或許只為這一點歸魂故土的安慰，早已不在乎後人隨著歲月凋零的憑弔。

台灣哺育我

到台灣前，我沒有去過緬甸以外任何地方，只知道蔣介石的軍隊在台灣，很多朋友都在那裡。這些從野戰回來的，很多沒有辦法適應正常安定的社

於緬甸東芝湖畔。心道法師自 2002 年起每年率朝聖團回緬甸供萬僧。

會生活，他們在緬甸過慣放野山林的自由生活，來到台灣要過規律生活，處處要被管，他們反而不習慣，有的就是一直想再回去，有的回去就把身分證、護照卡都丟了，甚至一些人在一年後自殺了。我們這一群年紀小，還不知道什麼習慣不習慣，只覺得新鮮，反而這樣倖存下來，反正軍隊管住管吃，後來也真的有書可讀。

別小看這群滇緬「小兵」，我們身價可紅。那時美國想要把我們這群小孩，送到美國訓練當情報員，再送回緬甸，送到東南亞去當特派員。但蔣介石沒有答應，我們可說是時代下一支滿特殊的部隊。

我們開始留在台灣，晚上住營區，白天到學校上課。但我的一些同學後來重回泰緬邊界當情報員，許多人從此沒有下落，也有人被殺掉了，情勢危急。

撤台時，我們是坐運輸機從清邁到屏東，再從屏東到成功嶺。剛來時，蔣介石慰問我們，包括每個小孩都有一百塊錢的慰勞金。那時一百元很大，一毛、五毛就可以買很多東西了，一般老百姓一個月薪水也才七、八十塊錢，但我們傻傻的，不知怎麼花錢，有人給了一百元買東西，對方不找錢，把錢騙走了，他傻傻地也不知道，就是找回了錢，也不知道數額對不對，大部分人的錢，就被騙走比較多。

我的那一百塊卻很好花，是花掉了。我們在成功嶺受訓，翻牆出去外頭有小吃店、冰店和彈子房，我是不會撞球，就在那邊看別人打，還吃掉很多的冰，烤香腸啦，可以請人。錢花完後，就等著領下個月的薪水。那時候二等兵一個月七十五元，一等兵是八十元，那一百元很好花，可以用一整個月。

　　然後就是被分派去上課。我們有的讀過書才過來，我沒讀書，所以在成功嶺時就是有政工幹校的女教官來給我們上課，後來她們又出主意送我們去小學讀書。這不是寄讀，是分配到一般學校去讀書，就是成功嶺畢業後去正式讀書，開始讀國語，我們就駐紮在豐原潭子，我被安排在潭子新興國小讀四年級。我的數學不好，也一直沒有好過，因為那是要按部就班學的一門學科。但國文、歷史、地理成績都跟得上，都不錯，我對文學也一直有興趣。可能以後在一些讀誦佛典或參悟祖師偈上也是有幫助的。

　　接著部隊轉到桃園，我也轉學到桃園大溪的員樹林國小，從四年級通過學力考試直上六年級，跳過五年級。小學畢業後，我考上桃園農校。讀農校後轉初中，再去考士官學校。那時候就是學生生活，領那些獎金薪水都是要用來付學費的。

這段時間，我還算是在當兵，軍中生活還是滿有激勵，滿有安全感的。白天上學有軍車接送，晚上要回軍營，放假日可以出來，軍隊生活的特質就是會被管，白天當學生被管，晚上回軍營繼續被管，一天到晚都有人管，什麼壞事都沒有機會做。放假時，在軍營裡還要出操，有點辛苦。軍人有薪水拿，多半就付學費了，都還付得起，都在一百塊錢以內。到後來我就去跳傘，只是我不夠重，只有四十五公斤，要綁沙包跳，還可以額外補給一百塊，早餐還多一顆蛋，福利變好一點，那時我就去跳傘。

　　軍中生活最大的好處就是安全感，過著規律的生活，什麼事情都上軌道，所以身體訓練得好。我在部隊裡，就是喜歡運動，十八般運動我都喜歡，從打拳、單槓、越野賽跑、籃球、排球到足球，還有丟鐵餅、丟鉛球，那時的運動沒有一項不參加

的，所以，就變得身體很好，很健康。

　　但因緣就是很奇怪，我們這批從緬甸來的國雷部隊小孩，都見過蔣介石和蔣經國，我的同學都見到了，我們部隊裡的都見到了，就是我一個沒見過，就是很奇怪，應該見卻沒見到，或許我注定不是走當兵這條路，也許如果見到了，我們之間會發生什麼磁場，不知道會產生些什麼事，也許後來就沒有我出家的這些事情。

　　蔣介石到我們部隊來，挑他喜歡的去當他的侍衛，挑了二十幾個去，挑至少十五、六歲的，要個兒大一點的，當然我十三、四歲沒有被挑，個頭又小，沒資格被選上，但有人就說我跟他有點像，也許真的碰上他，業緣相會，後來很多事就不會發生。

多元宗教的記憶體

在接觸佛教前，軍中有過接觸基督教的機會，那時因宋美齡信仰基督教的關係，軍中會傳教，每個禮拜六自修的時間，可以上教會。上教會時，他們告訴我：上帝無所不能啊！那時我又常頭痛，就一心祈求耶穌基督救救我的頭痛，結果求了半天，頭照常痛，所以，以後也就不怎麼相信了。

不過，信仰也是靠一個緣，我後來常常跟其他宗教互動時，就覺得接觸信仰是過去世的緣來的。可能我的過去習氣對佛教比較有緣，我出生在這樣一個多民族、多宗教的山區，是充滿游擊戰、土匪、馬幫、毒品混雜的三不管地帶，是一個五毒的山區，那裡是愈往山區進去愈沒有國家觀念，只有民族概念，只有傳統性的治安問題。這些生在邊區的少數民族，地盤觀念不是脫胎自整體國家意識，都是慢慢從求生中認識到族群融合的重要。之後我

離開這樣的地帶，才看到出家人寺院，一直到台灣，回頭再去看這些，才認識到佛法的滋味。也許這些經驗都是為了準備好迎接一個大轉變的時代，可能龍天護法也早就知道未來會發生這些多元和諧、相依相存的大格局，護法也一直在幫我鋪路，讓我一直有機會接觸這些時代的思潮、多元文化的演化，讓我對一切的宗教都保持開放的態度。也就是說，我對各種宗教信仰以開放心態去接觸、去認識、去比較，透過這樣知性的學習，從一個系統性、全面性的理解，就得到一個思惟上的求證，然後找到整體修行的方向感。

我出家後遇到柏楊，我們很親、很有得談，一直到二○○八年他臨終時，我在病榻為他祈禱，就像為遠行的朋友送別。他寫《異域》時可能是隨軍記者，「孤軍奮鬥」這個詞也不是誰最先講出來的，在那個情境下，眾人自然而然就會浮出這種感

受。柏楊眼中的「孤軍奮鬥」跟我們實際發生還是有一段距離的，還有一些我們後來才解密的事，都不外是這戰爭帶來的一連串連鎖反應。我們也討論過戰爭這一道千古難題。學佛後再去重新看待這些過程，慢慢才體會得到這是怎麼一個因果的關係。

不是說生在戰爭中，就時時刻刻都是戰爭的循環，戰爭是一個境相，在這樣的境相中，到底發生了什麼因果？當然和平也不是說社會有錢、繁榮了就是和平的指標，也不是說武力強大了就是和平的保證。和平是一個基因的問題，就像戰爭也是起心動念之間，你用什麼心念去勾稽就是會有什麼樣的呈現。我們從這裡慢慢去證實到佛說的「共業」與「別業」的關係，事實上，世界真是多元層次、共生共存的關係。這都是學佛以後才有的整體觀念。

集中營的極端仇恨

二○○九年七月我去到波蘭的「奧斯威辛集中營」參觀，這是二戰時最大的一個集中營。從我自己的戰爭經驗，如果說跟隨著游擊隊打游擊仗時，人隨槍聲倒下，如果那樣叫做戰爭的殘忍，那集中營的一切已經超出仇恨的極限。

人生應該早早出離。生與死，到底要給我們什麼覺醒？你以為你一個人死了，也就一切都消失了，事實上不然，還有無止無盡個人的、家族的、民族的、國族的共業圈，不知道為了什麼就是被集體牽連著，群聚性的傳染跟擴散，那不是歷史上的傳說，是我們共同存在的這百年內，所真實發生的慘絕人寰，這種事件在二次大戰時，還不只存在一國一地。

死亡如果是個轉換，那集中營的恐怖轉換就像地獄的入口一般，他們不知道自己死了，他們的意

識來不及知道就死了。集中營是野心家精心設計的滅種計畫、殺人工廠，這裡非常有效率，短短一兩年內可以日以繼夜消滅一百一十萬猶太人，加上其他集中營，有超過六百萬人這樣莫名其妙地冤死，那是無法想像、比一切傳統戰爭的狀況都還要恐怖。戰爭裡，你還有機會跟敵人打，殺死敵人你才能活下去，但集中營卻是一群野心家的惡行，你沒有機會作辯駁、作反抗，每一關都被設計安排好，都是集體誘拐來屠殺的，即使二戰結束已經超過六十年了，你到了那裡，只會感覺時空凍結著那股沒有消散的怨氣。

我在雲南騰衝憑弔、拜祭，在那裡的戰爭紀念館看到種種令人難過的照片，跟集中營一樣，雖然模式不一樣，但都是極端殘忍，簡直是人間煉獄，戰爭似乎沒有隨著二戰結束而遠離，我還發現更諷刺的是，這些發動大戰爭的強人往往也以維持世界和平為藉口。

2009 年應邀訪問波蘭奧斯威辛集中營，這是二戰期間最大的集中營。

集中營的屠殺是集體冤死，鬼靈也特別的厲害。我跟其他各宗教的朋友在這裡一起祈禱，又各自寫下祈禱迴向文，久久無法回神過來，無法思惟的是心中那一句「為什麼？」那到底我這個出家人能做什麼？

波士尼亞的戰火混沌

　　話說當年會籌建世界宗教博物館，宗教界本來就是愛與真理的實踐者，但彼此因為教義詮釋，還有種種文化或歷史因素而有所隔閡或成見，我就想如果有一個開放無私的平台多好，讓大家可以沒有包袱地溝通對話，互相商討一些和平的機制，那麼宗教界就是最好的和平大使，我們念茲在茲的也就是為了「和平」。

　　二〇〇一年，我來到巴爾幹半島的波士尼亞，

這個三百年來，東正教、天主教、猶太教、伊斯蘭教共處的不安地帶，因為近幾十年來民族主義和政治經濟因素的糾葛，各種族又相繼尋求獨立，引發激烈衝突，內戰一爆發就打了好幾年，無數人相互殺戮喪生，國雖未破，山河也在，但家破人亡的慘劇卻不斷發生。

才到波士尼亞，座車保鑣就告訴我，他最好的朋友是從小一起長大的隔壁鄰居，但現在這個朋友搬到所屬的教區居住，不但斷絕往來，甚至彼此仇恨。為什麼會演變成這種局面？他自己也不明白。衝突的原因有很多是政治因素、利益爭奪、歷史糾葛所造成，有可能都會假借宗教之名，製造各種糾紛、抗爭，而受害的往往是無辜的百姓。

跑遍波士尼亞的南北，我們見到當地的美國大使、聯合國駐波士尼亞代表，也見到了伊斯蘭教、天主教、東正教、猶太教等各大宗教的領袖人士。

大家都很意外，我這個和尚跑來這裡做什麼？我說：「我來看看我們能實際做些什麼。」雖然沒有帶著大筆資金或物資，但後來發現，無論從司機到記者，當他們面對一個佛教徒能從遙遠的東方，實際來到這個常常被媒體刻板化，又這麼偏僻遙遠的地方，不怕生死來探望他們，他們都漸漸從冷漠、好奇而轉變到產生了善意與溫暖。

　　波士尼亞的國家電視台記者問我，真的相信這個世界還有和平嗎？我說：「只要我們的心和平，世界就會和平。」真心的和平是騙不了人的，真心是會感染的，當你的心和平了，你所做的一切也帶著和平的基因，那個和平是會感染的。就像接待我們的那個伊斯蘭家庭一樣，即使兒子在戰爭中受傷殘廢，一家老小包括當時還讀大學的女兒，還是毅然投注在宗教交流的實際推展，還有青年教育上，他們覺得只有這樣的努力才是有意義的，才不會把生命浪費在不必要的抱怨或報復中。很多體會都是

透過實際的交流分享，得到不斷的共鳴，也得到彼此激勵的正面能量。我在那裡體會到，彼此謙卑、傾聽、尊重，就會開啓對話，慢慢溶解很多僵硬的關係，只有建立友誼、相互信賴，才能化解衝突，不被既有成見或其他問題所蒙蔽、利用。

捨命換取修行

回想我生命裡的戰爭與和平，我得感恩菩薩一路賜給我力量，護持我一路修行，把我從戰爭的外境帶往和平的內心，雖然這中間從信解到行證，經過很長的一段自我修練，幾乎是捨命才能換取到這種無上的體認。這份和平的確認感，讓我透視到三毒五毒作祟是一切戰爭的內在機制，人類貪心引起的仇恨和戰爭，已經帶給世人如此巨大、如此無法彌補的痛苦了，我們到底還要經過多少戰爭的功課，才會考試及格，學會和平的基因學，或許突破

巴爾幹半島和平之旅。

這一點就是在五濁惡世成就的關鍵。

　　從修行的角度來看，能不能修行，修行會不會有成績，除了自己的決心，還得看你這個人所生的時代、所處的環境。在和平的時期，你就會有較多修行的機會。但是生在什麼時代也是一種福德因緣，你就是在這份福德因緣與機會裡修行求道。

　　戰爭裡，我們就只顧活命或逃難吧，能不能修行，要看個人造化和機運。在亂世，你頂多只是一

枚棋子，任人擺布，或是像一片浮萍，隨波逐流而已，比較不會有修行的念頭，或是像文革時期，做什麼事都被掌控，你能怎麼修行？人逢亂世，有人當上將軍，不得不殺了很多人，犯下殺業，後來如果有了可以修行的環境，依然可以修行求懺悔、求解脫。我這裡要強調修行環境的重要性。

像西藏的修行人密勒日巴曾下咒殺人，為他的父親報仇，後來他皈依馬爾巴上師，馬爾巴要他去山頂蓋房子，建塔，蓋好又拆掉，密勒日巴吃了許多苦，這是他的師父用「息增懷誅」的方式為他消除惡業，累積成就的資糧。

後來密勒日巴能苦修有成，成為一個大成就者，是有許多環境條件配合的。除了他自己的覺醒和決心，也是因為他生在一個佛教興盛的地區，這些都是他的增上緣，他還要遇到好的老師，而且是正信具格有緣的老師，可以把資源給他。他這樣一

路上拜老師，不管是學解脫或學下咒，都是要謙卑禮請、供養付出、懺悔業障，盡可能圓滿一切資糧準備，這些上師才會教他的。然後就是精進不懈的修行，捨命地修，最後才成就了他的道業。

我沒有選擇戰爭，就是碰到戰爭，碰到這樣的境緣。在上個世紀的中國戰亂裡，許多軍人退伍後就出家去了，過去犯下太多殺業，帶來病痛或冤魂纏身的現報，用晚年學佛來懺悔自身的業障。我看過一些「外省士官兵」，在部隊裡脾氣很火爆，生氣起來會互砍互鬥，退伍後就把全部的退休俸給了寺廟，然後就在寺廟出家，他們都痛下決心，發願要修正他們過去的習業。但是這談何容易？就算出了家，習氣卻不是就此改掉，習氣一來，還不就是會拿著菜刀亂砍一番，等氣過後，又恢復成一個大好人了，就得靠在廟裡多念佛、多打坐、多懺悔，來調伏習氣。

心道法師受印度古儒吉大師邀約參加印度教的聖典。

　　這是早期台灣佛教界常有的情況，等到印順法師、演培法師、聖嚴法師、星雲大師這幾位從戰爭邊緣經過的大師出家、來台弘法後，台灣佛教又進入了另一番的景象。還有一些在內地、兩岸甚至東南亞奔走的實修大和尚，他們都在二戰前後差不多時間出現，像虛雲老和尚、太虛大師、慈航法師、廣欽老和尚、金山活佛等這些大和尚，都努力修行

來作供養，努力把佛法的局面撐起來、打開來，尤其太虛大師對世界發展的遠見更是超越傳統，把很多傳統佛教不敢多所涉足的入世菩薩道，作了一番梳理，展開成一套現代人修行的藍圖與世界佛教的願景。我後來蓋宗博以後，才逐漸發現自己無意之間也呼應著太虛大師這個理路，而且愈來愈清楚這是一個時代所需。我是他的跟隨者，只有把修行跟弘法結合一致，才能因應這個全球化時代的無常變化。

從戰爭的陰影走過來，我們不僅慕仰著佛法所說的「心清淨故，國土清淨」，也盼望隨著人類大戰的落幕，可以開展成人間淨土。

但濁世難料，我們只有不斷去實踐和平，這個願望才不會只是一篇飄散夜風中的祈禱文而已。

第二願　願，緬甸保持佛陀傳承

　　如此諸法生，梵志勤思禪，永離諸疑惑，知因緣生法。若知因生苦，知諸受滅盡，知因緣法盡，則知有漏盡。如此諸法生，梵志勤思禪，永離諸疑惑，知有因生苦。如此諸法生，梵志勤思禪，永離諸疑惑，知諸受滅盡。如此諸法生，梵志勤思禪，永離諸疑惑，知因緣法盡。如此諸法生，梵志勤思禪，永離諸疑惑，知盡諸有漏。如此諸法生，梵志勤思禪，普照諸世間，如日住虛空。破壞諸魔軍，覺諸結解脫。

——《雜阿含經》

　　二〇一〇年冬，我帶信眾回到緬甸供萬僧。緬甸是東南亞大米倉，伊洛瓦底江三角洲有三千多條支流遍布，物產豐富，加上佛教風俗，這裡善良純樸，緬人自古靠天吃飯就夠了。一年分三個季節，熱季、雨季、涼季，雨季時僧侶們結夏安居，跟佛

師父與緬甸國師。

陀時代一樣延續著上座部的傳統，十二月正好是涼季，是最豐收的時間。這一年，我們已經是第九年的供萬僧。

供養萬僧回饋緬甸佛國

從二○○二年我開始發願供萬僧，連續供僧三年後，我就發願年年都要供萬僧。真是齋僧功德殊

勝行！我會要求大家，行前要做足功課，讓障礙減少才出發，一趟行腳十來天後，弟子有很多感應，很容易生起信心，比平常更精進，沿路規定做日課，不散心雜話，到聖地要供僧要修法，都要如法如儀、恭恭敬敬，大家都很受用，很多教化啟發都盡在不言中。

　　佛陀曾經命弟子大阿羅漢賓頭盧尊者不可以入滅，要他作人間福田，福田第一的尊者就發願說：只要供奉千僧齋無遮大會，我必到會，為眾生布施福田！所以緬甸人天天供僧，他們都信佛說：供養千僧人就會有一個阿羅漢出現。所謂「阿羅漢」有三個意義：應供、殺賊、無生。應供，也就是作眾生福田，殺煩惱賊，不受輪迴後有。唐朝時，終南山的道宣大律師持戒非常嚴謹，常常感應天神來送食，有一天，道宣律師問天神說：人間做何功德最大？天神回答說：齋僧功德最大。所以，我一直覺得想回去緬甸「可以做些什麼？」我就把「緬甸供

萬僧」當成我對緬甸反哺的開始，也感恩緬甸僧侶把佛陀的教育保存得這麼原汁原味，這後來就變成靈鷲山年年的朝聖傳統。

我差不多來台三十年後才有機會再回到緬甸。一九九三年我第一次再回到緬甸時，到處參拜很多成就者，他們有的活過了數百年，活過很多朝代，能親見他們的聖顏，像佛說的「自性寂靜、永盡無餘」，很令人頂禮動容。他們有的還有前朝的證明，確證他們活過的時代，緬甸真是佛國，成就者還大有人在。對修行人來講，緬甸的環境真是世外桃源，我們都想保護這塊佛國淨土，讓這裡的修行傳統一直永遠流傳。

一九九四年十月二十、二十一日兩天緬甸烏郭達剌國師收我為徒，親自為我主壇受戒，然後我有了正式的緬甸出家證。緬甸那時還是很封閉，這個出家證很好用，讓我可以真正開始為緬甸名正言順

1993 年後開始踏上回緬甸尋母親之路。

做點什麼，行前我還特地把兩年斷食閉關的鬍子剃掉，因為緬甸僧人不能蓄鬚，這一趟回來我就換穿上緬甸式赭紅色袈裟，對我是一種提醒。

如佛說：「安那般那念者，是聖住、天住、梵住，乃至無學現法樂住。」緬甸禪法是以安那般那為主，因為奉行嚴謹的佛制僧律，所以緬甸歷來就

是阿羅漢聖眾輩出的福地。那時我回到緬甸，一方面尋找失散的母親，我想有生之年盡可能找到她，大家都很幫忙，也透過政府各種管道幫忙來找；一方面我也趁機會再參學比較緬甸幾個主要的大禪法系統，包括瑪哈喜、摩構、孫倫，還有從烏巴慶禪師傳下的弟子葛印卡等，我把緬甸禪法全面體驗個大概，也認同「呼吸法」是一般大眾最好上手的禪法，所以我把「呼吸法」也引用融入到山上的修法。

這第九年「供萬僧」我們師徒都很駕輕就熟，每一次回來都很壯觀，而且幾乎全緬甸的僧侶都已經很習慣每年這時間我們的到來。我的弟子也都說只要我回到緬甸就感覺像回家一樣，我心裡覺得這裡是佛陀的國度，雖然台灣養育我、成就我，我身上流著儒釋道的傳統血脈，我對中國文化深感責任重大，但是緬甸這裡處處散發的氣息是更讓修行人放心的那一種。

　　我們從偏遠的浦甘較布東到滾強光法源寺，在八天內有四場供僧法會。在旅程中，我心裡一直浮現這將近二十年來在緬甸的行腳，差不多已經有點可以說得上回饋跟供養，我內心最欣慰的還是播種佛法的種子，我把來自台灣、大陸、東南亞，甚至世界各地結緣的弟子，都陸續帶回到這個佛國來供僧、來體驗，總算留下了一些成績，其他才是建立緬甸禪修中心、弄曼農場、大雨托兒所計畫，還要更加努力。

印象模糊的文化古國

　　緬甸在世人印象中既貧困又落後，但是她有豐富的佛教歷史和傳承，是一個值得世界刮目相看的文化古國。但緬甸封閉太久，太純樸，世人對她的印象不夠切實，大部分來自幾部外國拍的電影，緬甸對現代社會很多文明垃圾也沒有太多警覺心，總

之當緬甸近年來國際化的開放腳步愈來愈快時，我們就是有很多不放心，雖然這是一股必然要面對的力量。

緬甸還沒有現代化，雖然物產多，緬甸人怎麼過都可以活，但教育、衛生、醫療條件都還不好，邊界很有民族問題要改善。可是緬甸人普遍和平無爭、樂天知命，他們天性上不喜歡爭，政治上也許會「鬥」，但還不是「戰」，緬甸人不是好戰的民族。當初我想怎麼在緬甸有一個改善當地人經濟生活的方法，所以就設了弄曼農場，在農場創造一個就業環境與生活社區的循環關係，然後我們可以讓很多各地的人都來這裡體驗反璞歸真的農場生活，讓現代人有機會來過一種真正天然有機的生活之道。這裡土地很肥沃，物種也是以在地有機的原生種為主，我們把當地一些經濟作物耕耘起來，教他們一些產銷鏈結，這是一個結合教育、觀光、有機農業的實驗計畫。我們算是剛有一點雛型了，所以

也辦了幾團公益旅行，大家體驗都不錯。現在農場交通、住宿環境對外來說都不方便，所以還要長遠計畫。

　　二○○五年四月，我們取得國際「種子計畫」的支持，兩年後實地種植，把弄曼農場從一片荒山變成遍地綠野，我們的工作人員回報說第一批的收成有玉米三十四公頃，檸檬草十五公頃，也提煉了第一批檸檬香茅精油，還有製作手工肥皂，農場正逐年增加開墾種植面積，我們就是有一個原則，始終維持著生態和有機的環保精神，盡量不破壞原來的環境。將來弄曼農場計畫可以循環起來，周邊建設健全些，有觀光的價值，就可以增加當地收入。用這些收入，我們可以著手來改善當地的衛生或醫療環境，還可以造福當地。弄曼農場的經營循環是以契合當地人生活為發展原則，仰光法成就寺是以國際禪修為主，這未來還是結合的一個循環。

緬甸孤兒院的小沙彌。

　　我在緬甸做的兩個重點是「教」與「養」。「教」是要保護佛教文化傳承的用意，然後幫助緬甸能夠發揮佛教文化的特色，用佛陀的精神來發展禪修、文化教育、朝聖觀光、有機環保農業等等，在仰光大金塔的國際禪修中心就是一個重點計畫，然後我們會固定辦供萬僧，還可以有傳戒傳法，可以朝聖參學，可以辦國際禪修閉關。「養」就是一直持續在做的從弄曼農場的計畫，還有大雨計畫的學校補助，獎學金補助，我們可以贊助孤兒院、贊助獎學金，再結合弄曼農場的公益旅行等等。

　　我想主要用意就是讓緬甸開放的同時，可以善用自己的傳統文化優勢，還有要適度保護豐富的天然資源，用這樣的態度來跟國際接軌、交流、互利，讓緬甸迎接世界潮流時，也讓世界分享她的純樸氣息，讓彼此互相學習。

　　靈鷲山的國際非營利組織的工作，主要也是以我們的緬甸經驗為重點模式，這是我對緬甸的感恩與回饋，我尋根的願力。

全球化擠壓變形的窮？

　　如果你用「窮」來論斷緬甸或東南亞其他的佛教國家，是不太夠的。

　　所謂「窮」是什麼在「窮」？這是要探討的。如果你從天然資源來看，緬甸是一個很好過生活的地方；如果你是從精神面來看，那是從何說起？

「窮」可能是針對現代人已經習慣的都會生活來看的吧，現代人一離開都市機能的地方，基本上是無法適應的，尤其要他回頭過大自然的純樸生活，你要把他「放生」，他是活不了的，他已經不會野生求生，所以他們覺得大自然裡什麼都不方便，水電不方便，沒有電視、沒有電腦，沒有方便的商店、百貨公司，沒有太多大眾交通工具，所以緬甸的「窮」是相對的。其實如果以古代的眼光看，緬甸就是黃金一樣的寶地。

二戰後的世界發展很快速，讓人感覺快速到一路滑，滑到哪裡不知道。

全球資訊愈來愈串聯，人類的共同前景在哪裡？主流價值是靠媒體來宣傳，基本上這裡面有一個工商業機制在後面滾動操作，先進國家的考量就是以民主自由為前提，用民主自由帶動競爭，追求效益，追求個人的消費享受，追求社會的物質

繁榮，然後最好是把很多文明發展的成本或是環境破壞的代價，都擠到看不到的死角去。媒體宣傳常常都是充滿消費、欲望、暴力衝突這些過度包裝的東西，因為大眾追求感官刺激，沒有這些就沒有市場，其中很多污染源，很多壓力源，很多精神墮落的負債，這些都被大家習以為常，跟這些無關的都放到腦後，於是，很多全球災變的隱憂就像滾雪球一樣，一發就不可收拾。

你看緬甸娛樂沒有卡拉OK，沒有色情賭場這些的，只有佛教的育樂，她用國家的力量整個在支持小乘，佛教徒占百分之九十左右，小乘的戒律變成一種社會的整體風氣和秩序。物質的追求是華僑社會比較會重視這些，但是華僑信大乘，大乘也有一套儒釋道的傳統固守在那裡，大乘戒律就比較不嚴格，小乘不太喜歡大乘的自由與寬鬆。即使都是佛教，還是要互相尊重，緬甸基本上是不會排斥大乘，反而大乘比較會看不起小乘，華僑在緬甸還

是要尊重認同當地的小乘文化，才能相依相存。緬甸人就跟印尼人、馬來西亞人一樣，他們生活很簡單，沒有需要那麼多的物質。所以當世人用「第三世界」來評價緬甸或形容一些沒有達到現在標準的地區，我們就要用更高的理想來反省看看，尤其是我們曾經親身經過二次大戰、曾經一無所有的這一代。

在全球化浪潮下，很多傳統生活都會被擠壓變形，緬甸沒辦法封閉自己，這是她轉型的必然。緬甸民生設施或條件的落後，讓很多人誤以為是佛教文化導致消極貧窮，甚至對政治保守封閉感到不滿，轉而認為西方價值才是好的，西方才有答案，所以丟下傳統、趕上西方才是進步。東南亞這一帶的國家，近代以來脫離殖民統治後，無不想從貧窮翻身，窮則變，變則通，一路就是跟著西方滑下去。

在全球化的時代，貧窮者想要錢，想賺錢，就起來革命，革命以後卻更窮，不得不走上極權路線。等有了錢，生活好轉，不聽管，想要的卻是自由。但我們知道，二次大戰、殖民帝國來到以前，緬甸曾經是東南亞最富有的國家，直到被其他國家侵略、統治後才變窮。統治與侵略是西方會有的，國家富了就要去侵略別國，要變成世界帝國，緬甸不會這樣，東南亞的歷史就是這樣被牽扯不完的關係。

緬甸禮敬僧侶的制度

從佛教的推廣來說，緬甸是個了不起的國家。譬如說，我曾得過緬甸的國家佛教獎項，這是要僧伽委員會考察，宗教部層層提報審核，最後到總統府，由最高決策核准，經總統親自頒贈的。這些獎都是終生成就獎，各分成三等，我得到的是第二等

跟第三等。其中一個是最高第三等的弘法貢獻獎，還有得到一個是第二等的禪修獎，第三等最高的禪修獎都是證悟的長老，是最困難的一個獎，另外還有教育獎。得這些獎的修行人，等於被政府奉為國師一樣尊重禮遇，頒獎者都是國家主要官員親自跪著頒給這些長老，以示尊重，然後官夫人也都會一一列隊來供僧，這是緬甸國家的年度盛典，都在首都舉行。有時官員遇上國勢、國運的問題，也都會來請教長老的意見，舉凡官員來請示，大長老都是用佛法的正見正念來開導。我的老師烏郭達剌就是國師之一，他得過最高教育獎，政府很敬愛他，據說他在禪定中曾經幫政府找到幾處油礦。

最高禪修獎得主都是舉世公認的大禪師，緬甸著名的禪師瑪哈喜、還有摩構就是得到國家最高的禪修第三等獎。政府獨立以來，這個獎只頒贈給過六個人，通常都是這些禪師老成凋謝後才再續頒。

　　禪修獎起源甚早，在蒲甘王朝就頒過。頒獎過程極為慎重，政府先要去查訪這個禪師的能耐和民間評語，然後就是禪師的體證驗相，還有他的修道過程故事，甚至有什麼神通感應的事，有點類似天主教的「封聖」，不過天主教「封聖」是針對已故的聖者，禪修獎則頒給在世的禪師。

　　緬甸政府的三個獎，我拿過的是弘法獎，還有禪修獎；教育獎項還沒有拿到。教育獎是頒給辦學校、培育人才有卓越功勞的法師，所以這些獎項都是緬甸國家對僧侶的最高禮敬、肯定。但從這些獎的性質來看，一般法師得到弘法獎、教育獎比較容易，是可以努力做得到的，禪修則屬精神層面，很困難，得過的幾乎都是成就的聖僧，也都有很大的國際影響力，不是一般法師的成就可以比的。這樣的制度在緬甸行之有年，是一個很強的傳承支持力，而且這個傳承得到全國上下一致的頂戴愛護。至少在中國這樣大乘的土壤上，目前是沒有形成這

樣強而有力的僧伽修證制度，也沒有這種全國上下一致的風氣。

在西方文化進入前的緬甸，主要是教派文化尊重的問題。西方的勢力進來後，很多次文化也會隨著外商跟進，現在仰光年輕人會染頭髮、穿牛仔褲、短裙，也有一些地下卡拉OK、夜店等，緬甸文化也開始面對被西方文化稀釋的衝擊。

所以說還是要從教育著手，我還是覺得教育人才是根本，緬甸教育資源很不夠，眼前最重要的是，我們看她缺什麼，我們就做什麼，他們需要我們幫助什麼，我們就積極地透過管道來幫助他們。需要什麼都可以補進來，就是要跟當地的機構合辦教育，他們蓋好的托兒所，我們就是去支持它，他們的僧伽大學一年不超過十位留學生，我們就給獎學金，順勢而為去幫助他們。

我的緬甸「身分證」

我小時在緬甸北部其實是華人圈。緬甸的華僑把祖先的儒釋道信仰都搬到了緬甸，那裡有孔子廟，也信奉一貫道，佛教徒也講孝道，也奉祀祖先的牌位。我們後來再回來，進到緬甸，主要還是在華人圈活動，可是緬甸也把我當成他們的法師，因為我的師父烏郭達剌是國師，緬甸人很尊敬他，也尊敬我，因為我在這裡出生，又是烏郭達剌的得意門生。

長大後再回到緬甸，感覺最大的不一樣就是人，還有軍政府的管制也變多了，處處都需要通行證，如果你無法得到他們的信任，就寸步難行。我到緬甸後能夠「通行無阻」，還是感謝佛陀，感謝我的緬甸師父烏郭達剌。

當初再回緬甸主要是找媽媽，問遍親戚朋友，到處跑，到處找，可以說把緬甸整個翻遍了都沒有

找到。在尋找的過程中，我就想啊，我也算是緬甸人，應該申請張身分證，將來通行就會方便得多。一開始申請，不給。他們說你已經出去了，就不算是緬甸人，我不死心，一直要，最後拿到一張出家證也不錯，拿出家證當身分證來用。

我就是因為要辦身分證，才結識這位烏郭達剌師父，當時我有位弟子在當地做佛像生意，常常供養國師，後來還介紹我到烏郭達剌師父的廟內，我這師父看到我，就是很投緣，一直想收我為徒。我就在那裡正式受羅漢戒了。

緬甸的出家有自己一套，跟大乘戒壇不同。一開始，有點像考試，問你出家幾年，問很多，全部有錄影、錄音，再授比丘和阿羅漢戒。緬甸佛教屬於小乘，大概他們覺得大乘佛教看不起他們，如今有個大乘法師願意來跟他們學法，他們覺得「很榮耀」。

　　拿到出家證，我就可以回去做更多事。本來外國人有很多限制，簽證管得很嚴，只批准幾天，也不能在緬甸買土地，現在都可以了。緬甸政府也不容許外國人建廟，你建了廟，會被沒收，而現在我們也可以建廟了，也可以像當地法師一樣，這是相當不容易的。

　　我的緬甸名字是烏古達剌，意思是「除障」，就從我師父而來。禮拜一生的小孩名字裡都有個「烏」，而我則是達剌的學生叫做「烏古」。我的緬甸名字，就是這樣來的。

　　小時候，我對佛教並沒有很深的認識，只覺得很熟悉。偶爾有機會看到一些塔，還有一些廟裡鹿、鳥、孔雀的造型，只要寺廟有念經法會，我都會去湊熱鬧。我的家鄉是以華人為主，更靠近泰國那邊山上的人信的是基督教，下了平地都是佛教的勢力，緬甸佛教就是強勢，但是強勢卻不會排斥別

人，這跟台灣的情況很像。

　　緬甸僧侶每天都要托缽，我當初在緬甸受戒後，還來不及托缽就到台灣了。托缽都是一大清早，就是僧人從寺院出列去挨家挨戶托缽，人家給你的食物不管是葷的、素的，也管不了什麼髒的、淨的，你都要接受，回廟後大家平均分配吃。托缽這種生活，就是要降伏自己的慢心，避免分別心、染著心，平等接受供養。按照戒律，你一天托缽只能接受七戶的施與，之後就不能再受了。緬甸的托缽傳統從佛陀至今是一脈相傳的，僧侶生活保持著很純樸的方式，托缽以後就是持午，然後修寂靜處。中國大乘的僧制後來就改掉這樣的托缽傳統，變成一日不作一日不食的農禪，現在很多人間佛教更是因應時代變成企業化的經營。這是很不一樣的戒律生活，只能說修行還靠環境。

獨步全球的內觀傳承

我在一九九七年間山上的禪七和禪十，用過瑪哈喜、摩構尊者的方法帶弟子，葛印卡的關期也在山上舉辦過幾梯次，主要是讓弟子多些體驗，法門雖然下手處不同，都不離開止觀。還有緬甸的賓內梭達尊者、烏依麻剌尊者也來山上教授過一段時間，烏依麻剌尊者來山結夏安居過一次，那一年是宗博開館年。

摩構禪法是緬甸五種內觀禪修法之一。摩構禪師製作了一套教學法，用一個圓形圖把佛法串成一個解脫之道，我們把它翻譯出來，我就請人把它刻成石雕放在天眼門入山口處的四大天王石雕中間，作為紀念。我是一九九六年帶弟子去緬甸摩構禪修中心閉關時學回來的，這個表在閉關時要講上十天的課，我覺得摩構大師真是很有智慧，一般北傳科判表大都是用樹狀圖，緬甸禪師是用圓形圖，一張

圓形表可以把幾張樹狀科判表都包含進去，等於把五蘊、四聖諦、兩重因果、八正道、十二因緣，還有摩構止觀修法的切入要點都指出來，真是很殊勝。

內觀禪修都是以呼吸法為主，但是方法也分得很細，都是依據「四念住」出發，有了這些基本的佛法概念，一面作止觀的修練，一面將佛法融會進禪修，其實就是解行一體的去理解。我們大乘佛教的佛學院大部分都是經教下手，要把很多佛法名相搞清楚，就要花上很長一段時間，也不是把名相跟禪修實際連結起來運用，講起來就是教理一套，說文解字多。可是緬甸修行教育體系，完全是以禪修為主，然後教理就是分解給你去實修止觀用的，目的是讓你禪修時更受用，都是從貫穿行門來看名相，講解是讓覺知更加清楚，讓知見更具有體證性。這是教育方法上的差異，看來緬甸禪法教育更有引人入勝的竅門，這是為何緬甸禪法後來風行全

緬甸摩構禪師閉關山洞。

世界的原因。

　　葛印卡的禪修，則是從「受」入手，先看呼吸
的「受」，從一個銅幣大小的範圍開始練習專注，
等到專注力夠，「止」的力道有了，再放大範圍，
從身體的表觸，從頭到腳各部分，再到體內的觸，
一層一層深觀下去，看到骨頭、肌肉、血管、器官

等，都觀清楚，觀苦、空、無常、無我。瑪哈喜是從專注腹部的呼吸開始，摩構是從檀中穴開始，專注的位置不同，止觀的原理則差不多。

佛法就是解剖學，是身心的解剖分析，一切現象是色法，一切精神作用是名法，解剖分析一切身心現象達到苦空無常無我的體證，用「止觀」來透析一切名法、色法。我的禪法是禪宗的，主要是般若正觀，禪觀的目的在究竟直觀一切萬法本來空、明、無礙，這屬於禪宗。習慣小乘禪修法四念處的行者，要練習一段時間再轉進。止觀的原理是一個，只是解剖分析的徹底程度問題。

有人問我覺音尊者的「乾觀者」，是不是有跳過禪那的單純慧觀解脫？說內觀禪修有止乘和觀乘的分法，分別在於持戒清淨後有沒有需要觀證色界禪那。他們也好奇問我平常的禪修，是不是比較強調持誦〈大悲咒〉？或直接由理證悟？

　　禪修的原理是一個，止和觀是分不開的，心念沒有訓練過，只是雜亂散逸的想蘊，沒有專注力，是起不了觀力。止的專注訓練就是把心念收攝到專注於一，就像把散亂的心念集中而起內觀照明作用，觀就是照明，心照明清楚時是「照見五蘊皆空」，然後身心現象不成立，根塵識也不成立，就是心可以有一個完整的思惟。觀照思惟，思惟觀照，你的心必須收攝以後才能作這種思惟的觀照。即使是持戒、念咒、誦經、拜佛，都是有止觀的作用，止觀是一切修法的基本原理，三乘法要也是止觀而已。

　　我結合呼吸法、寂靜修，變成平安禪的四個步驟，也是止觀訓練。這樣的循序引導方法，很簡單，什麼人都適用，我在國外帶過禪修，他們比較能接受系統性的教授，這樣到緬甸傳法也是一種很好的體驗，加上這裡普遍都有呼吸法的基礎，禪修習慣也有，所以很好銜接，並不是多了一個派別，

而是多一種體驗，多一個印證，緬甸是禪修的聖地，修行者多一個可以參學修行的止觀方法。佛法不外止觀，止觀不外修心，沒有辦法修到心，就沒有進到真理的核心。

佛陀的教育，不偏廢

　　佛陀的教育是一個完整的系統，不能偏廢，南傳佛教到北傳佛教雖然很多戒相上看來不一樣，很多跟著地方人文習慣起了適應變化，但精神原理，還有體證的經驗是一致的。現在人學佛，大部分都從很多表相來看，沒有從佛陀的本懷來看，常常很容易就陷入區隔分別。其實小乘、大乘、密乘是一個發展脈絡，有本質上或整體的一致性，只是現在因為流傳，變成禮俗文化的隔閡，我們學佛要看到整體，再從整體看部分，才不會自相矛盾。進到緬甸的文化裡，你也要入境隨俗，我們去欣賞、去尊

重他們的佛教文化，他們才會尊重你的，彼此互相尊重包容，所以大乘也可以觀摩小乘、密乘，小乘也可以觀摩大乘、密乘，彼此互相觀摩學習，也可以更去體會佛陀智慧的寬廣無礙。也許我們自己修行上還是會選擇比較相應的方法，但是尊重包容別人不會損失什麼，只會更豐富自己的修行體會，沒有什麼對不對、好不好的問題，只有適不適合、能不能帶你到究竟解脫的問題。

緬甸是很適合修行的地方，我也有這裡的緣，他們也接受我進去，可能我很能夠認同這裡佛教國的文化氣息吧，佛陀的教育在緬甸是滲透人心、滲透生活的，佛法已經是人們生活的自然反應，你不會覺得裡外不一，總之，這裡對行者是加持的增上緣。隨著華僑移民帶入，大乘的法門、儒釋道的傳統，在這裡都是被包容的一種，緬甸人本來就很具足佛教傳統，所以他們不會排斥大乘，他們也不用變成大乘，就是文化習慣不同的問題。我們來，就

是來做他們比較缺乏的部分，幫助他們需要的，所以我從禪修中心，再做弄曼農場、做大雨計畫、贊助教育辦學校等，就是能夠被他們所認同的。

我來自緬甸，離開緬甸又回到緬甸，行行止止從沒有真正遠離過緬甸。緬甸對我就像佛教的母土一樣，她像母親般的氣息，孕育過我，讓我懷念感恩，我只想回饋。當我重返緬甸這二十年來，我覺得隨著緬甸開放的腳步，大家都要謹慎看護她，祝福並祈禱緬甸向世界展開雙臂的同時，把她如清晨陽光般的和平、純樸、清新帶給全世界，也讓世界珍惜她的傳統，保護她的文化。她是活生生的千年佛國，不是遺產，不是廢墟，不是傳說，讓她可以保有佛陀法脈傳承的芬芳。

我相信這個願望，也是所有佛教徒共同的心願。

第三願 恩感知恩心人，願

　　若有思量，有妄想，則有使，攀緣識住；有攀緣識住故，入於名色；入名色故，則有往來；有往來故，則有生死；有生死故，則有未來世生、老、病、死、憂、悲、惱、苦，如是，純大苦聚集。若不思量，無妄想，無使，無攀緣識住；無攀緣識住故，不入名色；不入名色故，則無往來；無往來故，則無生死；無生死故，於未來世生、老、病、死、憂、悲、惱、苦滅，如是，純大苦聚滅。

——《雜阿含經》

　　出家多年來，我因為弘法，有機會在台灣到處跑，跑過很多地方，只要有緣我就去，只要有時間，我沒有拒絕過一個緣，就這樣把很多的緣線串接起來。接緣，其實就是接心。

　　我現在一天到晚國際旅行，但我最想的還是在

念恩、知恩、感恩是最大的福報。

台灣這樣密密麻麻跑一圈，不是趕行程，不是一堆人跟，就是一個人慢慢遊、慢慢待，以前的流浪生活，還滿有趣味的。台灣很多人情，我還有很多沒體會到。

台灣真的很漂亮、很好住，全世界沒有比台灣更好住的地方了，山水秀麗，人情味濃，民風善良，什麼都方便。我一直覺得我出生緬甸，成長在台灣是很好的命。前半生給我很好機緣經歷一切無常百態，認識修行的可貴，接著又有很多機會讓我可以一路廣結善緣，做出很多好的奉獻，每一個緣都帶給我很大的啟示。人生就是一場行腳、一場朝聖。

感恩知足是社會最大的軟實力

二〇〇九年，我到台南縣的「老牛之家」。弟

子送了兩頭耕牛去養老，要我去幫牠們皈依，我就幫牠們取法名「離苦」和「得樂」。「離苦」兩年後往生了，居士也特地去為牠助念，「得樂」現在還很健康。這個「老牛之家」讓人感受到台灣農村很可愛，民間尊敬耕牛，因為牛很有人性，吃苦耐勞，耕牛跟農民相依為命，跟家人一樣，耕牛一旦老了沒去處，主人捨不得賣，又沒地方去，所以很多老一輩不吃牛肉，這是一份感恩心，老人家也會這樣教下一代，所以家庭教育在這裡面。台南是農業的大縣，又是古都，當地政府就是想出給耕牛找養老的地方，照顧老農的心，讓大家都「感心」，可以去回味農村。那一趟，我也去拜訪很多有機農，台南有很多有機農業，讓人見識到很多先進的環保觀念，很多農耕種植的智慧在其中，比如用稻草可以做天然除蟲劑，不會汙染，這都是台灣看得到、接觸得到的軟實力，這個軟實力就是一顆感恩心。

　　我在接緣之餘，最大的收穫就是這些人情故事，這是我弘法行腳的動力來源。我喜歡台灣這塊土地，我有太多的感恩在裡面。

　　這一生，有太多的貴人幫助過我。我出家前，大概二十出頭就過著四處打工生涯，遇到的緣都很好，不管什麼背景，遇到的人對我都很好，每一個地方都讓我學習很多。有時就算遇到騙人的，我也沒覺得，還是很快樂，也許叫單純，因為單純所以快樂，沒有負擔。學佛後更體會到要在「因果」用心，所以正面、積極、樂觀。有愛心就會創造吉祥，一切逆境也會轉吉祥，心念就是磁場，發出什麼心念，就會有什麼緣，不相應的緣就會合不來。所以我們要常常有正念，正念就是吉祥的磁場，一切逆緣也會轉成增上緣。

　　台灣民間很純樸，是因為有一個文化習俗固守在那裡，所以台灣很好住，就跟我在緬甸華僑圈一

樣，就是傳統華人的氣息，這是儒釋道的傳統文化圈。基本上我跟東南亞華僑很有緣，馬來西亞、印尼、新加坡很多徒弟，他們的祖先好幾代還是一個樣，同一個文化氣息，你到那裡感覺就是自己的地方。遠征軍後來在泰緬一帶，雖然是難民營，他們還是一套儒釋道文化，一樣拜祖先。以前華僑拜「天地君親師」，民國以後君變成國，所以他們就拜「天地國親師」，我們個性都來自中華文化，都在這個薰陶下成長，即使我回去緬甸找生身母親，也是這個尋根的感情。

我的個性還有很多過去生習氣，跟佛教緣很深，所以二〇一一年我回騰衝時，在「忠魂歸國」法會遇到雲南境內三乘各派法師時，那時我想：「哇！這裡都是三乘合一啊！」到西雙版納就是傣族多，都是南傳風格的袈裟，寺院跟泰式差不多，邊區民族也會講泰文、緬文，就是一個多種族、多

語言、多教派融合的地方，大理是漢傳多些，雞足山是禪宗聖地，所以我恍然大悟，自己在台灣為何會演變成「三乘合一」的道場理念。我的三乘法緣也深，我以為是我獨有，原來我的出生地，這雲南一帶都是三乘合一啊！還有可能過去生的修行習氣，我遇到什麼都很好，沒有不好的，自己很會找到生活的趣味，每一個東西都有它的玩頭，遇到的人也都很好，就是覺得到處都是我學習的地方，我的生活也很簡單，一天過一天，有一餐沒一餐的，也不覺得苦。

天生我材，簡單就快樂

人生的每個階段，不管我在哪裡，做什麼樣的工作，對我，都是無處不快樂的，快樂總是隨著我。比如我從緬甸隨軍隊來到台灣時，被分配到成

功嶺，軍營旁有很高的牆，我們常翻牆跑出去，到城裡打彈子、買冰吃，我拿到的錢都花在吃冰上，回來後當然會被罰，在大太陽底下罰站。小兵有小兵的樂趣。

退伍後，我曾在桃園九龍村那一帶當工人，每天打水泥、扛沙包、挖磚頭，我們把煮飯包給一名歐巴桑，每天做完工回家，她就弄飯給我們吃，每天出門她就弄飯包給我們帶出去，每個月給她一次錢，也很好過日子。

這樣，有人後來問我：「師父啊，每天抬水泥包、做粗工，會不會覺得苦？」我說不苦。他們就繼續問：「那師父如果你能夠那麼快就轉不苦，為什麼後來要出家？還需要出家嗎？」我說這個就是為了尋找到生命的一個始終的地方，就是要找到一個生命的意義，找到一個有意義的生命，所以，這個簡單快樂是快樂，跟找到生命意義是兩個階段。

　　比如我不會覺得扛石頭、打水泥的生活很煩，或是後來我去演電影也很好過，不會煩，我演的都是臨時角色，沒幾個鏡頭，有戲演的時候就有一堆錢，然後就有兩、三個月接不到片子，即使餓肚子我也不會覺得那個生活有什麼好煩，整天沒飯吃都常有！等的時間就是在房間等，肚子餓就睡覺，睡飽起來，哇！早上什麼蔥油餅店等都開了，這下又沒有錢，就還是餓啊！那時賺的錢都是花到吃就剛好，快不夠用、開始餓肚子時，就又有賺錢的機會來了。那時也是早起早睡，在軍中規律慣了。

　　我沒有為了玩去什麼旅行，在軍隊時也沒有度假的觀念，後來打工時我們老闆放假了，禮拜天我沒有地方去，也沒有玩的朋友，沒什麼地方可以跑，有時自己去公園晃一晃圈，然後頂多找個地方游泳，游一游就回來了，也不會去吃喝玩樂，都不會！後來，出家以後都是在修行，也沒有跑，很長

的時間都在閉關，沒有什麼放假，那時就是想找一個安定地方，藏躲起來修行。

出家以前，我真的一直在流浪，做各種工作等於就是流浪，從二十一歲開始。

那時，我有個乾媽是客家人，她是我初中同學、隔壁鄰居的媽媽。我想要逃跑回緬甸，到南部去等船的時候，她就把家裡的金子湊一些給我當路費，什麼都弄給我帶出去，從高雄到台南時，本來就想找機會回緬甸，等船等了兩、三個月還是沒有。我到處流浪打工，沒有成功跑出去，又回來找她，她還是照常幫我找工作。然後，她就成天寄望我趕快討老婆。她都跟人家說我是她的「長山倈」，長山就是從大陸來的意思，「倈」就是客家話兒子的意思，她叫我是她的「大陸兒子」。她到處幫我找工作，比如罐頭工廠也好，每天要我去採檳榔，我的乾媽對我真是好得沒話說。

　　在南部，為了要回去找船，後來我跟同鄉倆身上沒錢了，一天只吃一頓飯，說是吃飯，其實也只有一個饅頭。

　　等船的日子沒事幹，有一天，在貨櫃間閒晃，晃來晃去，撿到一只皮包。我們倆想趕緊送到警察局去還，結果到了警察局，警察看我們的樣子說：「你們偷喔？」哎呀！很慘喔，他們找到那個失主，然後要賴說是我們偷走的，我說明明是撿到的，我們趕快送來，這是一樁好事，報了警卻反被誣賴，講不清楚了。

　　後來還是等不到船，肚子餓怎麼辦？先跑去應徵做捆工，老闆要我們先做事再吃飯，但我們已餓得沒力氣了，怎麼做那個粗活，我們就跑了，去了幾個地方都是這種情況。弄到後來也沒有錢住旅館，沒有地方睡覺，那時在台南，然後又跑進警察局請警察幫忙，警察先生一看我們的模樣，就問

道：「我看你們是流氓吧？」

我說：「不是，我是學佛的。」

警察不信：「學佛的？你背背《心經》看看。」

我就把《心經》背給他們聽，還念了一遍〈大悲咒〉，那些警察就笑了，七湊八湊，湊了幾塊錢給我們，我們就去住一家很便宜的旅館，買了一條長長的大麵包，兩個人一起啃麵包吃，我們兩個啃了一天。

麵包吃完了，為了省錢，我們一天只吃一個饅頭，吃一碗陽春麵。所以，那時候，我們什麼苦日子都經歷過。

用警察的錢，然後又到了高雄，過「看海的日子」，那時還是在等船，在愛河邊，遇到一位胖

2008 年慰問納吉斯風災災區。

子，我們晚上沒地方睡，他帶我們回他的房間叫我
們去住，小小的差不多只有三、四坪，他自己就
占了好大的空間，我們四個人幾乎就是疊在一起睡
覺，擠得要命。他是很好心的人，然後他說：「先
住吧，明天再去找你們那些學佛的人！」然後第二
天還幫我們出了錢，讓我們可以回到新竹去。

我有了盤纏，就回到新竹乾媽的家，然後開始去送養樂多、送檳榔，生意很好。那時候都要去一些酒家、茶室賣檳榔。

決志尋找生命的終極

　　二十一歲到二十五歲出家前這幾年間，我就是打工流浪，沒有固定工作。我還去過一個包清潔廁所的地方打工，那是在台北，每天老闆會去包廁所回來分配，我就去掃廁所，掃一個廁所拿十五塊錢，老闆拿多少不知道，但做了半年又累又沒意思。老闆喜歡看脫衣舞，有時帶我們去，他拚命往前擠，要我們在後面看看警察會不會來，我也覺得無聊，後來就走了。那時候就是覺得民間很純樸，很好，也看到很多角落的人。

　　一九六九、七○年，我在桃園龍潭的茶葉工廠

做過。剛去報到時，那個老闆掛著一副大眼鏡看著我，每一次我做工作都很老實，不會偷工，他就很喜歡我，人家都回去了，他說：「你，留下來做長工吧！」那時，要做個長工是不簡單的，其他人都只是做臨時工，他卻要留我當長工，那時候，我一個月的薪水就可領一千八百塊。

在饒河街的米店期間，那個老闆對我很好，還要幫我存錢。我很老實、不偷懶，每一次他們出去玩，就叫我在家裡幫他們顧店，有人叫米，我就會登記、記賬，做得井井有條。但我存了一萬塊，沒多久就花光了，給好朋友李逢春啊，他們借去就花光了，老闆說我這樣不行。我遇到的都是像這樣的好人，很少壞人。純樸的人不會亂想，每天就是過日子，當下過日子，問我「還要什麼？」沒有什麼了。就是沒什麼苦，就是在安定裡，但是禪修是我沒有斷過的習慣，一天過一天，慢慢會開始覺得說

「這是我要的生活嗎？」會一直想到當初退伍，本來是要把修道當志向，可是現在安定以後，漸行漸遠。

回歸靈性就快樂

出家後，常有信眾問我，怎樣才算快樂？我說，快樂就是一個純樸的生活，像農村的生活就是很純樸、很快樂。純樸就是心思單純，該怎麼過就怎麼過，不會想太複雜。農村啊、野外啊，都是我很喜歡的。

一九九九年，我到南非開普敦參加宗教會議的時候，有七、八千個宗教的人士來這裡參加，我看大家都是自己走自己的，各宗教還不太習慣彼此互動，我就拿著自己的名片到處發，然後我都祝福他們 Happy 和 Lucky，我會用這兩個英文字，祝福他

們「快樂」和「幸福」。那幾天，有個晚上我夢到一隻老鼠在撞球，很有趣，我想意思大概要我一直把緣撞擊開來。

人和人之間只要誠懇就會撞擊開來，心的語言是不用翻譯的。

出家前的快樂，可能是我過去生的因果，我經歷過很多生活的磨練，我沒有「覺得」苦，因為我很簡單，不會想那麼複雜，因為我有很多經驗可以去看到別人的苦，看到很多世間的苦相，我自己不覺得苦，可是為什麼別人會苦？這苦是什麼？快樂又是什麼？出家，讓我徹底去找尋一個生命的始終，找到那一個離苦得樂的源頭。

有一次，記得還有人問我，慢活是不是能讓人快樂起來？

我說離開靈性就不會快樂！人做什麼都不能夠

離開靈性，人如果離開靈性去追求物欲，想從欲望的滿足來得到快樂，就會帶來更大的空虛。

其實，「禪」就是慢活，禪就是要慢才有體會，什麼都要慢、慢慢的來。「慢」才能體會到靈性，腦筋才會清、細；你一快的時候，都是囫圇吞棗、混混沌沌，許多事務相續而來，這種狀態下，你的腦筋就無法維持清明。你看，為什麼禪宗會有一套「行禪」，也是同樣的道理。「慢活」的慢，不是要你控制速度，靈性的慢不是控制的慢，是放鬆，鬆弛，遇到什麼都可以放輕鬆，慢才能跟靈性貼近，跟靈性貼近在一起，就是回歸自然，回復成自然人一樣，享受靈性就是慢活。

當你看到靈性的時候，你就每一時一刻都是清淨的。追求物欲，就是要快的生活，不可能慢，所以我們看到很多文明病都是追求物欲的快樂，文明病都是過度欲望而來的。那種欲望完了，就是空

虛，然後空虛之後，就追求更強烈的感官刺激，已經享受到麻痺了。物欲到了極致，不出三項，一是搞權力，另一是男女，還有金錢，但物欲是無底洞，賺錢永遠都嫌不夠，變成一種欲望的循環，那就殺人、放火、縱欲、吸毒，什麼都做得出來，只追求一個快感、發洩。生活、生態循環就變成是這樣，不斷產生很多惡，我們看到全球現在很多恐怖怪異的犯罪，像傳染病一樣，所以「物欲」就變成了眾苦的淵藪。你離開靈性的追求，下場就是這樣。

禪的吃飯，是慢慢的吃，慢慢的舉起碗，察知自己正在舉起碗，慢慢的把筷子伸出去，慢慢的夾菜，慢慢的送進嘴中咀嚼，再去夾第二口菜，每一個當下都要很清楚，整個過程裡就是清楚覺知，靈性就是那份清明，不是心不在焉的快速，狼吞虎嚥；做這樁、想那樁，人在這裡，心在天外，妄想紛飛的。

禪的走路就是行禪，禪的行住坐臥都叫「生活禪」。禪是放鬆、放慢，回到覺知清明的靈性。你要做到不是控制，是徹底跟靈性沒有間隔，叫做「接心」。

我的一切都是為了修行。早年流離到台灣，在軍中生活，除役後的流浪打工都是為了修行而準備，可以說，內心有一個覺察：生活愈來愈安定下來，我覺得如果再不趕緊出家，自己會被應接不暇的因緣整個吞沒掉，根本沒有辦法修道了。還好，我一直有禪坐底子，就是一個人常常喜歡打坐、念經，還是把道心找回來了。出家以後，從宜蘭的墳場到後來的靈鷲山閉關，我從此就再也沒有離開過修行。

又有人問我，修行到現在，我會不會有不快樂的時候？我說當然會有，修行不成功，我就不快樂，所以就趕啊，想盡辦法怎樣能夠修行成功。一

天二十四小時，沒有停止修行。

我的不快樂，都是跟修行有關的。有時候會懊惱，為什麼我沒有辦法證悟呢？人家古時候是怎麼用功的，古德祖師們是如何用功的，他們可以證悟，人家那麼用，為什麼我就做不到咧？這樣，自己鞭策自己，要求自己，有時還會揍自己，逼自己，給自己找苦頭吃，逼自己精進、學習。

除了修行，人世都是苦的，即使短暫的快樂之後，又是苦。修行當然也苦，但修行的苦是划得來的，修行會有相應的甜頭。所以我們不妨這樣想，世間既然沒有一樣是不苦的，既然都是苦，不如苦來修行，來成就。這樣的苦，不是很划得來嗎？

我是非常單純的人，過去連人家騙我，我都不知道人家在騙我，我沒有那個壞心眼，所以我怎麼會不快樂？有人說我以前的生活是「苦」，我也不覺得，就是每一個東西都有它的玩頭，現在出家再

於斯里蘭卡。

回頭看我也不覺得那是苦，我就一直沒覺得自己苦過。

　　這樣說吧，有了那些人生經驗，我們才知道，如果現在看人家有苦，他苦結在哪裡？聽別人說話，聆聽信眾的心聲，我們就是可以對照一下，我自己會反射出體會來，然後才能用我們的同理心，來幫他解套，讓他接受。

如果説真正吃到什麼苦頭，大概就是為了退伍吃苦頭。我曾在嘉義東石港做海防的粗工、搬石塊、建消波堤，我們得趁漲潮前把石塊和土方填進海裡，所以工人間都要比快，跟海搶時間。那時，體力非常吃重，我一頓要吃九個饅頭，做到晚上十一點還在趕工，整個臉都是沙，眼睛看不見，鼻子和耳朵裡全是沙，要趕時間，比快速，手上都磨出一個個的洞。那時也不覺得苦，也是滿有意思，反正大家就是一起，人家可以，我們也可以，都是這樣的生活嘛，我也沒覺得有什麼特別的。

有了願力，徒弟們開始到處弘法辦活動，我就看他們一天到晚都在工作中忙碌，他們要經過一定階段才能「樂在工作」，不會把工作、修行當成兩件事，在內心拉鋸衝突。什麼是「樂在工作」的修行？剛開始有道場時，我就提出「工作即修行，生活即福田」。道場是藉事練心的地方，剛開始修行

經過一個出離心轉換的階段，才跳得開事相心，看到法，看到法就是正見，如果沒有正見，就是邪見，那難免一天到晚計較、抱怨，因為沒有找到平衡，就會得失心太重，愈做愈累。修行都是要經過一種歷練，把工作當作一種訓練「波羅密」的加行，漸漸可以「隨緣不變」，隨順外界種種變動的因緣去作回應，而內在靈光獨耀。

以前每個階段，做每件事，都可以找到其中的樂趣和啟示，除非到了不能撐時，那我就向觀音菩薩報告說：我這工作不行了，請您給我換換工作。果然，過沒多久，真的有同伴跑來問我要不要跟他換工作，他可以去跟老闆商量。那這也是累積來的善緣，我遇到那些老闆都是很好的人，我這一生碰到的緣都是善緣，遇到的人也多半是好人。

第四願 生活不離般若，願

　　時，寶焰佛告行慧菩薩摩訶薩言：「善男子！從此東方盡殑伽沙等世界，最後世界名曰堪忍，佛號釋迦牟尼如來、應、正等覺、明行圓滿、善逝、世間解、無上丈夫、調御士、天人師、佛、薄伽梵，今現在彼安隱住持，將爲菩薩摩訶薩眾說大般若波羅蜜多，彼佛神力故現斯瑞。」

　　行慧聞已，歡喜踴躍重白佛言：「世尊！我今請往堪忍世界，觀禮供養釋迦牟尼如來及諸菩薩摩訶薩眾，得無礙解陀羅尼門三摩地門神通自在，住最後身紹尊位者。唯願慈悲哀愍垂許！」

　　　　　　　　　　　　——《大般若波羅蜜多經》

　　我從一九七三年修行到現在，閉關斷斷續續，超過四十年，從來沒有停過，反正就像羊吃草拉屎一樣間斷的閉。

般若是母親，閉關養慧命

我第一次閉關是在外雙溪蘭花房，然後長達十一、二年的閉關，開山後，開始忙碌的弘法行程，我還是七天、十天這樣斷斷續續閉關，到現在每年還是閉四個二十一日的關期。

開山後比較長的一次閉關是二〇〇六年，用了一年的時間。那時宗博已經開館了，我想已歷經二十幾年的弘法利生，需要好好整理一下，過去一直往外，為了建博物館，就像演一齣戲，應該回歸本山，團體要調理好，所以整個接回來，回頭來重整本山的精神。二〇〇七年以後我就固定每年四個二十一日禪關，修〈大悲咒〉。

我覺得修行與弘法、弘法與修行，就是般若的「舒」與「卷」，是一種細膩微妙的生活觀照。但是要生活與般若、修行跟弘法打成一片是不簡單

的，如果加工不夠，是般若？還是習氣？含糊籠統的，處世也紛紛擾擾的，有時俗化到搞不清楚自己在做什麼，到後來往往忘失了菩提心。

有時看看這些弟子一路忙於利生事業，漸漸趨向世俗習氣而不自知，生起煩惱跟世俗人一樣，五毒毛病一樣也不少，沒有回觀反照的能力，講道理會，實際只是世間一套，檢討別人多，反省自己少。都要把他們拉回來，無論在家出家，都拉回到修行的本位，再回歸、再禪修、再出發。我在道場就是規定弟子一年四季禪關。

這禪修，要坐足時間、做足功夫，功夫做不夠就沒力道，心的沉澱度不夠，般若正觀生不起來，只是一個理念或想法，遇到問題會耍嘴皮子，沒有辦法實際轉化。修行弘法、弘法修行要能夠一體，要透過戒定慧的加工來轉換才有辦法。閉關就是加工廠，訓練這個心的轉換功夫。即使功夫有了，還

1983 年心道法師在福隆靈鷲山的法華洞窟中辟穀斷食閉關二年。

是要每天有保養身心的日課，每年都要有閉關溫養沉澱的時間，這閉關就是加行。

　　我從十五歲開始禪修，我本來就喜歡打坐，一打起坐精神就來了，那時在軍中，常常在蚊帳中坐，每天至少坐一兩個小時，有時整晚坐，十五歲自己開始練，也沒有人教，自己看書，練習呼吸法。那時候，我跟同學也試過道家的練丹，練丹

田，練武功，結果太用力，得了疝氣的後遺症，所以這打坐是要有經驗的老師來指導。

閉關前，有幾項練習是必要功課，首先就是要練腿，我從打坐起，就一直在練腿。其二，就是要習慣獨居，習慣一個人修行的滋味，喜歡這份孤獨。

出家就讀叢林大學，我也早晚都打坐，上課也是打坐，晚上回寮也不倒單，只要有時間，都是用在打坐上，由於氣機發動，要一直禪坐調理，身體裡面出現很多變化，後來早晚課不太去了，乾脆就跟常住請假，那時一個因緣就到了外雙溪，借一位道友遠光法師俗家的蘭花房閉關。

在蘭花房這偏僻無人的地方，開始打坐練腿，一直練腿，練習閉關，就是習慣自己一個人，要喜歡上這個孤獨，要除去那個打坐時候的很多痛苦，但還沒有到一天坐十七、八個小時。

早期閉關時，身體承受很大的痛苦，像是腳的酸、麻、腫、痛，不過生理的痛苦終究克服了，心理的痛苦又伴隨而來。一切離苦得樂都是要花很多時間才換來的。平常有事做就好了，獨居時沒事做，什麼資訊都沒有，什麼交談都沒有，到底外面發生什麼事情？你會覺得很恐慌！恐慌自己一個人，什麼保障都沒有，就是感到痛。

後來慢慢一直坐，坐的時候就是看，要把佛法的觀念拿進來去看、去參悟，從這裡去除內心的障礙、孤獨的障礙。

那個孤獨，就是關在一個房間中，因為孤獨，什麼都沒有，就會促就思想的活動。這個時候，思想沒有辦法找到習慣的連接點，所以是很恐怖的。還有這時也很會觸景生情，很容易感慨，然後流淚這樣子。

四念住心，遠離恐懼孤獨

我們的思想連接點，就是連接到一個修行。修行、觀照，就是這樣去修。要用思惟修，一定是從苦、空、無常、無我去做，就是四念處觀。觀一切無常、苦、空、無我，唯有涅槃寂靜是最快樂的，所以就會一直往前走。用四念住這個觀照，就不會太感性，很多事情就變成慢慢不會觸及那種感性，這樣就逐漸沒有什麼感情的束縛了。

因為要追求涅槃寂靜，可是這個過程會發生孤獨跟恐懼，因為跟人的連接點沒有了，所以就是觀悟，一直就是反省、思惟、觀照：有人相嗎？有我相嗎？有眾生相嗎？有世間相嗎？一直去看到這些的「無常性」。看到這個世間是苦、空、無常、無我，看到只是一個因緣和合性，然後悟到「喔！原來世間都是靠不住的！」既然沒有，只有涅槃寂靜是永恆的嘛！所以一直追求這個！

也像是自我催眠，用這個法來告知自己，然後有了目標導向。就是不斷告知自己，現在是什麼狀況，這個狀況就是無常的，這個狀況是如幻的，四念處的無常觀、如幻觀要用下去。《金剛經》講的「一切有為法，如夢幻泡影，如露亦如電，應作如是觀」，般若才能解決這個痛苦。你要斷除一切煩惱，要從這裡下手，一定要轉你的思惟，轉你的觸受。這時，禪修從思惟反省開始。

　　就讓自己安定在這個四念住的觀修裡面。當下就是這樣去過。如果你沒有這樣解決的辦法，你就是過不了關。那孤獨就是心如刀割，那個心像被刀子割一樣那麼的痛苦。

　　後來有人說，我這個狀況很像心理學裡稱的「資訊的剝奪」。臨床學者常發現，許多經歷過創傷的人走不出來，受不住孤獨和恐慌的煎熬，最後步上自殺的絕路。尤其很多都是發生在戰爭之

後、大災難之後，常常發生大量自殺潮，因為忽然之間，一切親人、財產通通失去了，失去生命的依靠，這個時候，你沒有辦法適應這個無常、苦、空、無我，也沒有佛法的思惟來轉化，這會讓人過不下去。

因為我們習慣一切現象，習慣生活在一切現象的執著中，把無常當作恆常，不能容忍失去，所以一旦頓失根據，就受到無情打擊而無法面對、無法自處，因為我們所有習慣的生活都不復再有，一切生活執著所依都破滅，我們不知道怎麼辦？頓然的無常，是非常恐怖的孤獨。

如果不是有一個思惟的底子，你無法轉換，你沒有思想的根據，不知道怎麼看待突襲的巨大無常，如果你有一個佛法的底子，平常即早訓練對無常的觀照，讓自己習慣認識無常、觀察無常，把這樣的訓練變成思惟習慣，這樣慢慢才能看到真實，

看到心本如如，心的本來是沒有問題的。如果你沒有這樣的訓練，平常持守四念住觀，一旦無常到來，你只能任由無常擺布，馬上手足無措，甚至精神崩盤，這是因為我們執著「現象」的習慣太深，不清楚也不明白「實相」。所以要隨時透視、分析、解剖心的狀況，到最後終究可以發現什麼叫做「現象」與「實相」。

有了佛法底子，才會反省；沒有這些佛法底子，是不可能反省的。就是要用佛法的思惟來反省，反省到讓你看到自己的本來，就是覺醒到心，如果你的反省看不到自己心的本來，你還是切不中要害，解決不了問題的，也許理性上你可以理解無常，但是感性上你卻不能接受。

一切都是從因緣來，從因緣去，從因緣生，從因緣滅。我們現在從因緣當中，如何生起智慧跟福德呢？從生滅無常中看到現象虛幻不實，看到虛幻

靈鷲山在東北角福隆，位於雪山山脈及太平洋交界處。

不實，我們才看到迴光返照的「那一個」，看到迴光返照的「那一個」，才是重生，才開始接軌真實的靈性生命。我們從「現象」與「實相」這兩個角度來思考，身心才能夠得到平衡，找到生命中應該走的路。要去突破這個虛幻的世界，就是要了解真實的世界。

一路到底，眞相大白

　　這個克服孤獨恐慌的過程，慢慢就能體會孤獨

並不是真的孤獨，大自然是一大奧妙，萬物生生不息，你沒有離開過誰，萬物本來一體，當你看到這個一體性，大悲心會油然而生。這是早期一段閉關的思惟用功處。

禪修，方法是一層一層進去，像剝芭蕉一樣，一路到底。止觀火候到了，才會細膩看到內心的變化，看得到習氣才能降伏；觀照還沒到一個密度，還很多雜質，還要去掉雜質到一個綿密度，後來就是一個真相大白的地方。

這個真相大白的地方，就是六祖慧能說的：「何其自性本來清淨，何其自性本不生滅，何其自性本自具足，何其自性本無動搖，何其自性能生萬法。」唐朝還有萬回和尚的悟偈：「明暗兩忘開佛眼，不繫一法出蓮叢；真空不壞靈智性，妙用長存無作功；聖智本來成佛道，寂光非照自圓成。」這是我常常很受用的兩個偈語。

　　一般人看經，當作語言文字理解，一旦修行了才知道真正受用處。尤其祖師偈都是口訣心要。看這些都是讓我們參悟用的，讓我們在修行關卡處可以暢通的。本來，修行的目的，就是讓生命得到自由，可是我們在因緣萬象裡卻找不到生命的自由，找不到出口，無處超越，所以我們就是用經典當作修行的藍圖，祖師悟偈就像修行的地標一樣。

　　《雪洞》的作者丹津葩默在雪山山洞閉關多年。出書前，她曾來靈鷲山上造訪，我們就閉關的歷程交換意見。丹津葩默閉關時遇到了野獸和蛇、強盜等，她是一位令人尊敬的修行者，因為在西藏女性要這樣面對孤獨、克服嚴酷的環境長期去閉關，很少，也很困難，因為幾乎所有大修行成就者都是男性，仁波切也清一色是男性，女性行者比較被輕視，修行條件很不足。她很關切女性行者的修行條件，想幫助她們改善修行環境，所以她就親自

去雪山閉關體驗。現代人要有她這樣的道心、勇猛心，真是稀有難得，但我也安慰她：「佛性是男？還是女？」「成就是沒有分男女的！」她也笑了。要能夠好好閉關，要很多助道緣、資糧，更何況女性行者。她的閉關遇上很多考驗，我也是呢，我還遇到了鬼。

早年的台灣墳場，不像西方墓園環境這麼乾淨、清爽，仍很雜亂，在那裡打坐還要忍耐屍味，還有鬼。

從外雙溪後，我主要一段閉關來到了宜蘭。那時我向佛光山告假，後來星雲大師說：「你想閉關，那到雷音寺好了！」我就到宜蘭念佛會、雷音寺，再轉到礁溪圓明寺修行。圓明寺是清末蓋的古廟，也是星雲大師早年住過的地方。

圓明寺附近是墳場，在老廟閉關時，我遇到

鬼。半夜鬼來敲門，然後早晚都自動開關門。早上六點，我聽見刮木門的聲音，他們來開門了。晚上六點，他就來關門，木門上又刮著響，他們死敲門，就是拚命的敲門，我起初還以為是山下的人來給我搗鬼，拿起一根棍子和手電筒，打開門，什麼人影也沒有，只聽到腳步聲一直跑、一直跑。還有就是蛇多，夏天蛇脫皮，就到處掛，掛得到處都是，晚上牠們四處亂竄，我就在蚊帳裡面看著牠們到處亂竄。

有一天晚上我打坐，突然很大「碰」的一聲，奇怪什麼東西山崩地裂一樣，一看，廟塌了！壓到佛壇那邊，我這邊沒有壓到，就這樣倒了，太晚了，我就繼續打坐，也沒有出來看，第二天一看，哇！原來廟倒掉一半了。後來我就只好搬到附近靈骨塔。

那是圓明寺的靈骨塔，那緣起滿好的。在圓明

寺時，先前有三兩同住的道友，因為這裡鬼多，不勝其擾，就先走了，也勸我搬。廟倒了，不能住，我才搬過來靈骨塔。我把廟裡的東西搬到靈骨塔去，把佛也搬去了。所以到靈骨塔時，剛開始有超凡法師跟我兩個人，有的就來來去去，到後來就剩我一個。

我還是繼續在塔裡打坐，用曹洞的方法，這個方法要專一，專一坐就會有那個成果出來。這個方法就叫做「觀靈覺即菩提」，就是修心性的方法。禪宗基本上沒有什麼儀軌，主要一個就是觀照、一個是參悟。我是持觀照。生活就是很簡單，全部時間都在禪坐，不用看書，如果看書，禪坐時間就沒有了。所以，一上座就是二十個小時，累了就走動一下，再回座。日中一食，一頓就是六人份的電鍋飯，這是越南的淨行法師教我的吃的方法。

墳場是道心的加工廠

當初為什麼到墳場修行？也是因緣。從雷音寺、圓明寺，再到靈骨塔，後來又到龍潭湖畔蓋了如幻山房、寂光寺，那裡也是塚間修的環境。我在這些地方時，都是閉關中。另外，我最崇敬大迦葉的苦行，我想效法頭陀行。

墳場是一切世間的歸宿，沒有例外。住在墳塚間，時刻都在提醒自己面對死亡，還有冥界的干擾，這裡很容易生起出離心，很適合修持無常觀、不淨觀、白骨觀、如幻觀，對行者是精進勇猛大加持的地方。在這裡，世間一切都冷卻下來，所有身心都冷卻下來，剛開始來時，我看到有人出殯，常常還會跟著感傷，但轉頭就看到送葬的家屬又吃吃喝喝地若無其事，這生死好像一齣戲，戲落幕了就一哄而散，大家各奔前程。這個生死到底是什麼？「了脫生死」，是怎麼一回事？

但剛到墳場的前三個月，心裡還是覺得害怕恐怖，鬼就像會「表演」一樣：鬼會哭，會捏人，也會顯現形，腳步聲，有時睡著，他們會把你搬出去，我就持〈大悲咒〉對治才好過些。所以一開始當然怕啊。這幽冥世界跟人間的磁場是很不一樣的，他們不喜歡生人的氣息，所以人住進來，會干擾他們，是不受歡迎的。我跟超凡法師兩個人，他身體不好住在裡面，我就在外面打坐，當他們在講話時，我說：「你聽到沒？」他就說：「我在欣賞啊！」

這段時間，你會感受到他們的苦，鬼的命很長，所以塚間修，要有很大的決心才可以住得下去。我每天都迴向給他們，我發願度這些三惡道，我就跟他們說：「你們不要干擾我，我修行成就度你們。」然後我說我每天念《金剛經》迴向給你們，之後「成交」，然後他們護持我繼續禪修，靈骨塔整個磁場就轉變，幾個月後就彼此適應了，一

宜蘭莿仔崙墳塔二樓即「啊！靈山禪院」，是成就心道法師禪修止觀的道場。

年後就非常舒服了，感到寧靜安詳。

　　我偶爾還會回去佛光山上看同學，那時就騎著同學湊錢買給我的一台破摩托車出去。騎到台北，再換火車下南部。但還真是奇怪，差不多住上七天後，再住下去，身體就會出現徵兆，有些疑難雜症又不是病，一會兒腳腫，一會兒頭痛，就是有那個部位會很不舒服。還有常常是三個出家人的鬼會來，我就知道，他們派來找我「回家」了。他們下半身沒有，膝蓋以下就沒有了，看不到，男的，灰袍，每一次只要沒回去，他們就來找。也許我是出家人，所以他們就派三個出家人的鬼代表來找我回去，好像他們也護關心切，我就會趕快回墳場去。

　　我騎著摩托車，一路就這樣空空蕩蕩的回到墳場，已經晚上十二點，在寂靜的墳地，覺得這個地方像放暖氣的一樣舒服，黑黑的，氣場又寂靜，又柔和，很像回到了爸爸媽媽在等著你的家。感覺很

安全，很像真的回到了家。

有時黃昏時，我在骨塔打坐，他們也會來要加持、皈依，排隊排得長長的前來，有的穿著古代的衣服，老婆婆和婦女都有，有的沒有手、沒有腳的，什麼樣都有，我也輪流一個個的為他們加持，有的會穿海青行跪拜禮，隊伍排得很遠，看都看不到盡頭，跟真實的一樣。

現在只要我閉關照片所在的地方，就有那個吉祥的磁場，還是很有用的加持，好像這些無形眾生都會護持，走到哪裡都走得通，這些眾生是無國界的，他們哪裡都有，他們也是護持修道人的，可能是那時我在塚間修的承諾、願力感應而來的。所以你只要真心、正念、精進去修道，鬼神都會擁護你。

後來，我離開靈骨塔後，他們也就沒有來找過我了。我在靈骨塔時期，禪定的功夫已經很深，我

覺得如果繼續住下去，那裡會是大成就的地方，可惜有些障礙干擾出現，我就搬走了。後來我找到礁溪龍潭湖畔閉關，蓋了一個簡陋的茅篷「如幻山房」繼續閉關，那裡也是墳場，我每天禪修十八到二十個小時左右，還是只有日中一食、吃幾碗米飯。

修行要抱「死」的決心

我從十五歲開始打坐，到二十五歲出家，沒多久開始閉關，三十七歲出關，都一直在墓地和山洞獨修，加起來是很長的修行體驗。

古代說阿蘭若的修行，就是十二頭陀行：一者、在阿蘭若寂靜處。二者、常行乞食不生好惡念頭。三者、次第乞食、不擇貧富。四者、日受一食法。五者、節量食。六者、中後不得飲漿。七

者、著弊衲衣。八者、不離三衣。九者、塚間住。十者、樹下止。十一者、露地住。十二者、但坐不臥。

　　頭陀行中，我只有乞食沒辦法。因為乞食在台灣行不通，很難做到，基本上閉關還是靠有人護關作資糧。所以，功德作不夠，真是很難有因緣閉關。

　　《大寶積經》〈阿蘭若比丘品〉裡面講說十二頭陀，還要思惟「八法」：一者、我當捨身。二者、應當捨命。三者、當捨利養。四者、離於一切所愛樂處。五者、於山間死當如鹿死。六者、阿蘭若處當受阿蘭若行。七者、當以法自活。八者、非以煩惱自活。簡單來看，就是你要抱著捨棄肉體、捨棄生命的打算；捨棄一切物質享受擁有；遠離一切所愛的地方；即使像鹿一樣死在山上，也是捨得；還有在寂靜處隱居時就是做寂靜處修行的行

為；以法生活；而且不要容忍煩惱滋生。

　　這是基本要堅持的八個思惟，有了這些觀念，你就能一直持續下去。

　　修行就是有要「死」的決心，都是用命去換來的，要是沒有決心，或是「惜皮惜肉」，吃點苦頭就退轉了，永遠不會有成績。我把命給了修行，沒有命也就算了，這就是很基本的用心。

　　這十幾年大閉關以來，我主要用仁海法師給我的「默照禪」方法。「默照禪」最早是由宏智正覺禪師所創的一個禪宗法門。那個時候，我幾乎把所有時間都花在禪修觀照。覺得累，便到外面走一走，不累，就上座。

　　這個默照禪，是用眼根的方法，是神經系統的修法。這方法是很霸的，一定要專修。就是用這個方法時，不能夾雜其他方法，你只要一雜就出問

題。這個法是很霸，修這個法，它直接就在神經系統上，它是主。你只要哪裡一點點不如法，你就會進入那個魔境。所謂魔境，就是生理氣血整個不順，等於神經系統出問題，整個生理氣脈都會扭曲，脖子會失調，頭部不聽使喚，很痛苦。那時在蘭花房，我有一兩年時間才調過來。

我修這個法的時候差點沒命。就是因為之前仁海法師還在，他還有指導，一兩年後，老師死了，就要完全靠自己的努力。

我因為這氣脈的病，曾去拜訪崑崙仙宗的祖師劉培中。劉培中是個傳奇人物，活到九十幾歲，他的靈識可以隨心化現。我就是身體修出了毛病，才去拜訪劉培中，要不然我也不會有機緣見到他。

拜訪劉培中那次，他應該少說也有八十多歲，中氣十足，臉色紅潤，他講他修道的方法，給我一堆書拿回去看，意思就是說，要我修他的法就很不

錯了。但我知道，這個魔境不可能靠看書來解決，看書就反而障礙了。結果，還是靠自己慢慢調理。

般若就是降魔刀、智慧劍

修行就是把觀念弄對，不然會走火入魔，六神無主，有主也不行，是思想整個受影響，你要把觀念再弄對、弄正，再把觀念導回到修法上用功，就是觀這些也是如幻如化，一切都不是真實的，要從這個不真實裡面去打倒這個障礙，這個如幻觀一直是我的生活準則。慢慢去轉它這個生理，這個障礙就慢慢消失了，就熬過去了。等到氣血回復過來，就舒服了。

你可說我是從般若得力的。主要是從般若跟心性去配合著修。這心性是禪，般若就是詮釋禪的東西。這般若大法，就是《金剛經》的正念，我們靠

這個般若大法來讓一切障礙消除。碰到鬼也是般若觀，碰到生病也是般若觀，碰到任何障礙都是般若觀，你沒有般若，就無法除障。你看玄奘法師，他一路到印度去的時候，魔障很多，他一路都要靠《心經》去打平這些魔障。

禪宗流派很多，主要方法一則是參悟，一則是觀照。我用的是默照禪的觀照。禪宗與密宗的次第不一樣。禪是直參，直入。直指人心、見性成佛，禪是一招到底。密宗大手印、大圓滿就是禪。密宗是次第修，比較重視儀軌、儀式，密是有跡可循，就是如何次第導引進到這個最後階段。禪雖然不講次第修，但也是要有基礎的，前面你要有很多思惟上的基礎功，經驗上的基礎功也是要有，禪就是從頭到尾一個軌則，導你進入「那裡」，就是直接、一點都不拐彎抹角，所以說禪無跡可尋，連語言文字都沒有。

早期法華洞閉關照

　　禪宗六祖慧能的弟子青原行思，曾經問師父慧能：「當何所務，即不落階級？」慧能反問：「汝曾作什麼來？」行思回答：「勝諦亦不為。」意思是，你連勝諦都不執著了，哪裡還有什麼階級？這是禪宗典型的對機。青原行思一語道破，他連聖人都不做了，還做什麼次第。沒有次第，禪講的就是直入。如果你把法門分別成有漏和不漏階級，從有漏到無漏，法門有了等級之分，那還是為了引導到那個沒有次第的地方，不是執著次第的意思。

　　人家說，打坐持續三個月，三個月叫「築基」，才是個開始，打坐十月叫「懷胎」，坐了三年叫「哺乳」，才會進入軌道。我在佛光山時，原本打坐坐得好好的，後來遇到戒兄傳我這套默照禪，然後他又早走了，我的打坐故事才開始波折，這是一段很真實的經驗。

　　所以說修道如果不是有好的老師，修行有成是

不容易的。以前有人修念佛法門，念佛念到神經太緊，停不下來，緊繃到無法放鬆，還要找他的師父救他，這也是神經的問題，修行人遇到的都是這麼切關身心、攸關生死的狀況。

還有一次閉黑關，大概一個月不到的關期。有一位老師教我做一個拉筋做運動的方法，本來運動是調理氣脈的，但我不是說我這個修法很霸嗎？如果雜修別種法，就會走岔，這樣一拉，完了，神經系統又不聽指揮，我這是第二次。

黑關就是一片漆黑，沒有光線，什麼都沒有，你只有看到心念。打坐到後來，頭上會有一種分泌，滴一種東西滴到心頭，然後整個心都是涼的，涼了以後就是慌，慌了以後就覺得沒有那種想要活下去的感覺，也不是絕望，就恐懼啦！你會覺得好悲哀，對世間沒有一點留戀，沒有什麼意思，我也經歷過這樣的魔境。

那次還是靠《金剛經》，也是熬過去，就是用般若觀。那次閉黑關太自信，沒有前行準備，真危險，所以為什麼我常說，修行人一定要讀《金剛經》，一直要觀如幻、無常、無我，碰到問題的時候，你才知道該如何解決。

儲蓄成就的基因，解碼掃毒記憶體

我後來想，比如有自殺衝動或念頭的人，心理學說是恐懼症、憂鬱症，任憑別人如何勸說，還是擺不脫念頭，那真是生理出問題，或許他們頭部內有什麼分泌物造成的。如果有那個念頭時，多想兩分鐘，觀「一切有為法，如夢幻泡影，如露亦如電」，或許能夠轉念，可以不要那麼衝動。可是，也要平常就有那個觀念薰陶才有可能。

我不是那種衝動，這種修行的氣脈病，一般醫

生看不出病來，有時沒有辦法醫治，結果還是要靠
自己「熬」過去，「熬」的意思就是回到觀念上去
調。中醫可以治，但是要看有沒有經驗，藏醫比較
有那個經驗，知道氣脈有什麼問題，要吃什麼藥，
但那都是後來才有這種訊息，我那時沒有看醫吃藥
的訊息。藏醫會針對三個病來下藥：現下的病、過
去因果病、還有氣脈的病。不過可能現代醫學不太
會認同這些。

　　這個曹洞的法，還是要有老師，因為你不知道
那個氣脈的變化，可能做了什麼不對，就不行了，
老師有經驗就會告訴你。不過，都「熬」過去了。
說是這法霸，可能我的命也很霸。如果出狀況，你
要硬壓，也是壓不過關，重要的是要轉觀念，把般
若的觀念導到修法上，慢慢的，魔境就會消失。從
以前到現在，如幻觀就一直是我的生活準則，我從
般若得力，度過了多次的魔境難關。

　　有人問我，閉關多年，最大的改變是什麼？最大的改變是身心。身體是無執的身體，心也是無執的心念，閉關是歸零，但這個歸零也是要靠努力才有這樣一個歸零的記憶體，一開始觀念弄對了，一閉關了，你的記憶體就會改變。這個記憶體，就稱為「如來藏」。

　　在閉關時的這個經驗，會修正你的記憶體，這個修正也是記憶體，它已經修正進入到你未來的生命裡面，你就會有這個修行的記憶體，你可以使用這個記憶體，你如果沒有成就過這種記憶體，不會有這個果。成就的記憶體，是要去儲蓄的。

　　生命就是記憶體。心能歸零，也能創造，我的閉關是大轉換。因為，透過這樣把心歸零做記憶體修正，然後儲蓄菩薩道的能量，才能開始去轉換一切因緣的呈現，去轉換我們的業力變成利益一切眾生的願力，這個轉換關鍵就是無中生有的心。那不

管你是小乘、大乘，還是藏密，都是可以解脫的，都是為了帶領你到達了脫生死的彼岸，你可以有一個比較全面的理解，再去修行，那麼不管你是用哪一種閉關法門，都要有具格有經驗的老師，掌握般若要點，去做閉關功課，那就是很好的精進。

現在，我對弟子閉關要求嚴格，但他們通常在閉關期間時會用功聽從，一旦出關來就容易散亂，好像做完功課得到放假一樣，一放香就閒談聊天，一坐下就看報、看電腦，花樣百出。

我常常跟他們說，你怎麼把生活做到行住坐臥、舉手投足都可以覺知清明，才是真實功夫，我們求道的人，就要知道分分秒秒不浪費、怎麼抓緊時間修行，弘法也是修行，語默動靜都是，無時無刻都要把心停下來、看明白！

願，與自然和諧共生 第五願

　　大王！菩薩摩訶薩。住勝義諦化諸有情，佛及有情一而無二。何以故？有情、菩提此二皆空。以有情空得置菩提空，以菩提空得置有情空，以一切法空空故空。何以故？般若無相，二諦皆空，謂從無明至一切智，無自相無他相，於第一義見無所見，若有修行亦不取著，若不修行亦不取著，非行非不行亦不取著。於一切法皆不取著。菩薩未成佛，以菩提爲煩惱；菩薩成佛時，以煩惱爲菩提。何以故？於第一義而無二故，諸佛如來與一切法悉皆如故。

　　──《仁王護國般若波羅蜜多經》卷上

佛教的環保是共生慈悲一切

　　藏傳佛教領袖嘉旺竹巴法王最近有新消息，他拍的《綠色足跡》紀錄片剛上映。他是一位睿智實

修的戰士，我的老友，像累世傳承手足般的菩薩道友，他只要回到台灣，都會想辦法上到靈鷲山來聚一聚，我們都要貼心交換些心得。上一次他來，我們都意識到一些現代人資訊太快，學法態度太輕慢的問題，所以同感「身教」非常重要。他笑説現在教弟子要極盡可能廣傳，網要撒大，傳承才會多些機會，因為不這樣，一位老師一輩子可能等不到幾個具器的弟子，就時不我與了。他總是鼓勵我要珍重法體，總是要我盡可能的傳法教授，多花時間休息、閉關等等。七年前，我聽説他開始率領一支隊伍，徒步翻越喜馬拉雅山沿途撿拾垃圾，沿路帶動山村居民做環保回收和植樹，我知道他就是這樣一心一意樹立身教來帶動大家，即使這樣的行動對於盲瞽的現代環境也只是一響難得的春雷，但竹巴法王還是懷抱著巨大的悲心，寧為天下先。

　　我想，現代環境的惡化，不是外在自然而已。環保的重點在於觀念。人類對於萬物與自然沒有

相互共存共生的觀念教育，就不可能善待地球環境，也談不上環保。觀念的根源是心，佛說「情與無情、同圓種智」「無緣大慈、同體大悲」，如果不是基於萬物本源，基於器世間與有情世間本來一體、相互依存的觀念，環保可能淪為另一種作秀，然後變成在枝微末節紛紛擾擾，又草草收場。

我們佛教徒本來就是環保的，佛教的生活態度就是環保共生的，不是因為環境壞了，我們才開始提倡，我們主張吃素，提倡簡約樸素，提倡禪修這些都是根本的環保，如果沒有一個基本的宇宙觀，很多環保行動還是流於口號及繁瑣。我雖然沒看過《綠色足跡》，但我相信法王試圖給人間留下真正的環保教育，如空而顯，在世人心裡。親身走一趟雪山絕嶺間的路程，比任何灌頂都震撼。

宗教的教育，都以身教為主，都是與生活、生命息息相關的態度。現在人們的生活現代化，物質

行住坐臥、語默動靜都是「生活禪」。

環境進步了，但是生命態度並沒有進步，這是現在
各種全球問題的根本關鍵。

　　佛陀的教育，是因果的教育，體現在與人相處
上、與自然的互動上，每一個體現都是因果，你有
什麼動機，就會有一連串骨牌效應的因果鏈結。從
因果的體現上，我們看到佛陀的修持是從個人內心
世界體現而出的身語意事業功德。佛陀的教育方式

是民主的，不是強迫式的，祂讓我們看到一切因果的呈現，抉擇自在人心。人是大自然的一環，一切個人的動機發心都會連結到整體，所以我們在行住坐臥四威儀中，動作盡可能寂靜安詳，愛護自然，這樣大自然也會滋養人，因果會很吉祥；如果我們四威儀中恆常傷殺飛空著地的細微眾生，大自然也會出現很多反撲。

靈鷲山已經三十年，我們也攀爬了另一段的山路，過程也是一路顛簸險峻，這一路開山最重要的是「法的實踐」，能夠堅持不懈的年復一年地進行著，靠的不僅是眾生菩薩道的福德因緣，更是諸佛菩薩的眷顧照護。

禪是無住無相的身教勞作

禪宗重視生活作務並行，四祖道信提出過「作

務即修行」，他的教育有兩個：一是禪修，二是作務。勞動的價值和禪坐一樣，勵行禪坐的目的在於堅固道心觀念與功夫，以便生活應物能夠靈活對機，解行是等量齊觀的，所以到了百丈禪師就確定了「一日不作，一日不食」的中國禪宗宗風。在古印度時候，僧侶用托缽維生，對生命的愛護更是不在話下。

聽說，百丈禪師平時喜勞務、勤農作，執勞不倦，他做得很快活，把弟子都比下去。徒弟不忍師父辛勞，有一回，故意把他的工具藏起來，讓師父沒法工作，還請師父去休息，百丈說：「吾無德，爭合勞於眾人。」他找不到自己的鋤頭，當然那天沒有農作，索性就整天不吃了，把禪門宗風給樹立起來了。我們也是這樣開始的，大家可能都不太知道了，三十年前這裡是荒山，我一面斷食，一面提砂、挑石頭把小殿蓋起來，給護關的弟子可以棲

開山早期，靈鷲山朝山。

身，有些老弟子參加過，前前後後也有一、二百人經過那個開山的情形，可以見證、可以重溫。斷食前三個月非常危險，後來就漸入佳境，我愈斷食，體力愈好，那時滿山沒路，就這樣跑出來一段段小山路，我是這樣走過來的。

從佛陀到祖師，再到現今的佛教法王，確實都為我們留下「身教勞動」的榜樣，我們現在要說開山有什麼精神可以傳承？我想就是這個宗風。佛教作身教，從因果觀念去落實環保，不是廣宣口號，是真心的實踐。

我們僧眾從寮房清潔、到全山出坡撿垃圾，都是身教，以前也在福隆海灘做淨山、淨水、淨灘，那時很多人一起撿垃圾，大家都受到感召，環境都會受益。弟子起煩惱問我：「怎樣撿得完？」我說：「做，就對了！」環保的確做不完，但是重要的是做。只要每個人都照顧好自己的因果，身體力

行就是了。

我們說是立宗風「禪和慈悲」，不能光說，也要實踐。在我們回味之餘，不妨檢討檢討自己腳下，看看走過的沿路，是否步步綻開蓮花?!

禪，是怎麼不昧因果的覺醒，慈悲；是你要去點點滴滴照顧好每一個當下的起心動念、應對進退。喜歡自己的生命，也讓別人喜歡我們走過的足跡。一個微笑、一個合掌，種一棵樹，撿起一張垃圾，就是一個自己微小但莊嚴的貢獻，神聖且殊勝。

當然，現在大家都重視環保，是因為環境惡化、生態浩劫的問題，已經變成不能再漠視。這種危機只有兩條因果之路：一條是要啟發反省、建立共識，並約束「人類的足跡」，例如限制工商業成長的競爭規則，避免資源浪費，降低物質消費，開

發乾淨能源，停止核武試爆，裁減軍備等等；另一條就只能眼看情況惡化，走向滅亡。後者顯然不是我們樂見的。

光光推行一個對地球環境友善的想法，例如善待萬物、節約資源等等，也不是從一開始就進行得如此順利和理所當然的。我覺得也可用這半世紀來的環保理念改變，來跟我的大半生所經驗到社會變遷，或我的願力相呼應。

我們聽過很多農藥濫用、食品安全的問題，還有基因農業汙染問題，都是最近時代的覺醒，每一個覺醒都來自慘痛的案例。我沒有看過《寂靜的春天》，但是常常聽到別人介紹這本書。一九六二年，美國海洋女學者瑞秋‧卡森寫了《寂靜的春天》，書裡譴責DDT等殺蟲劑的濫用，將使春天不再聞見鳥語花香，大地將變得一片沉寂。大家介紹我說那一年叫做「全球環境意識覺醒年」，因為

全球開始重視環保。還有一本書，是一位朋友南方朔推介的《成長的極限》，我就去找來看，這是對「人類足跡」的反省，來自科學界的實證數據，我們人類追求成長進步的價值觀再不改變，生態浩劫是必然的，而且不是遙遙無期的未來，而是近在眼前，我們隨時有可能淪為「生態難民」。

前陣子還有一部關於海鳥的紀錄片。攝影師到一座海島上拍攝鳥從孵出到死亡的生態，卻發現島上散布著小鳥的遺骸。這些腐爛鳥屍只剩下殘骸羽毛，每一具的腹部內都是一坨垃圾，撐滿了瓶蓋、塑化垃圾和不鏽鋼的螺絲釘，牠們都是被撐死的。攝影師發現這個現象後，開始拍攝鳥怎樣在海邊吃淤積的垃圾，海潮回流處把漂流的垃圾集中到牠們的棲息地附近，鳥只要看見有五顏六色的小東西，就撲過去叼食誤吞，結果只能垂危等死了，那是一部真實又殘酷的紀錄片。

生態，沒有平衡就不會存在。我不禁有感而發，人類看似追求繁榮而進步，實則自掘墳墓。

支持一個全球倫理的架構

我在世界各地到處參訪時，看到有些地區已經極少見到鳥類，因為樹被砍光了，鳥類找不到足夠的食物。還有，以前鳥兒會靠大自然維生，有的也會撿拾人類的食餘維生，現在都會社區通常會把垃圾清理得乾乾淨淨，鳥兒也難以維生，還有更多魚類、動物因為誤吞人工垃圾而噎死，或是被環境汙染毒死，還有農藥汙染或電訊干擾，蜜蜂已經大量絕跡，很多花粉無法順利播種，很多果樹不能授粉，農產歉收，糧食不夠⋯⋯一言難盡。當物質文明過度發展，人們為了滿足私欲，不惜犧牲其他生命，濫用地球資源時，生態正在逐漸崩解。這種戰

爭，已經不是國家之間而已，而是人類與生態的戰爭，人與萬物也需要和平相處、共存共榮之道。

現代人常常沉溺在電腦網路上，與人疏離了，與大自然疏離了，很多身心病就產生；還有交通便利、資訊快速、生活提升以後，整個社會反而產生了更多焦慮壓力、躁鬱不安，無從抒發排遣，反而造成更多吸毒酗酒、色情縱欲、暴力犯罪的孳生。人們在物質享受的同時，沒有提升精神的品質，只會有更多文明病態的負作用。

大自然就是萬物的母親，我們的身心也是大自然的一部分，大自然有療癒的能力，就是讓生態平衡、身心平衡。本來，我們身心也能自我療癒平衡，但是因為五毒欲望的干擾，把這個身心平衡破壞、毒害了，很多心理不平衡、不和諧，造成身體的病態、生活及人際關係也失衡，所以只有我們恢復這個自然的平衡，才會健康。這也是為什麼我們

只要常常親近、回到大自然的環境時，常常跟大自然在一起，身心也會得到放鬆、舒暢、平衡，就會得到自然的療癒效果。

　　許多宗教會將朝拜場所蓋在寧靜的地方，因為宗教都是從自我懺悔反省開始，企求心靈平靜，只要心放掉很多欲望執著，很多病態也會改善，對環境也有安詳的需求。人平常只知道享受文明的便利，不知道正在付出可觀的代價，只有生病時才知道自然之道；人們以為也許能主宰大自然，等到環境受傷，才知道自然跟身心是一體的，身體與生態都要平衡，自己也是自然的一部分。

　　如果從護生、愛物的角度來看環保，這是佛陀的本懷自不用說，但是全球化時代不一樣，社會結構不一樣，科技發展也會衝擊人類的道德底線與倫理詮釋。現在很多問題都是二次大戰以前資訊不足、看不到的問題，也是跟著追求科技進步而來的

挑戰，比如說孟山都基因種子造成的生態汙染問題，複製胚胎、複製人的問題，還有最近發生的人類基因或合成基因申請專利的案例。現在要看待這樣的問題，都要有一套全面性的思惟，才能作更深更廣的探討，比如是不是有一套全球倫理架構，只是個人的道德勸說已經不夠了，個人道德要延伸到科技道德、社會責任等範圍才能看清楚因果鏈結。所以我說，二次大戰以前，人類問題主要是資訊不足造成的，是癡為主的業果循環，癡造成貪、瞋；二次大戰以後的全球化問題，主要是貪婪造成的，貪造成瞋、癡，三毒發作的方式不太一樣。

找回本來無生的道場

不管時代怎麼發展，苦是一樣的，心也是一樣的；只是苦的共業、別業現象與範圍有所不同，現

筆路藍縷的開山時期。

代社會大、小三災更多、更頻繁，還有器世間壞損加劇，自然環境只會愈來愈壞，所以我感到觀音菩薩度苦也有不同的善巧方便。

有圓融的心量，天地人眾生才有一個良性和諧的循環關係。回過頭來，看靈鷲山無心插柳柳成蔭的建山過程，我想一切是因緣和合，因為是觀音菩薩要做的事業，我只是祂的手腳，幫祂打工跑腿

的，所以，只要相應著觀音的願力，我沒有真正煩惱過什麼，不管缺了什麼，就自然有奇妙的善緣出現，結果自然成。

我早年修行時，常常往來宜蘭與台北一帶，那時看這東北角的地理，好山好水，就是缺少一處好道場，我想可以蓋一個道場接引往來，當一發起這個心願後，善緣也源源不絕而來了，一路成就今天的靈鷲山。

台灣有了這座靈鷲山，不僅建造風格天然純樸，也是一處自然的聖地磁場。我們都是過客，自然生態本來就是原住民，我們是跟天地借資糧來修道，所以道場建設最主要的目的就是住持正法、以戒定慧來讓行者安住辦道，找回無生的本來。我就這樣一個發心動機，希望自己的修道可以利益後來的人，讓有緣的人到這裡都能找到啓發，可以找回自己的本來面目，一起成長、一起成就，每個眾生

也可以分享自己的靈性，可以出一份心力、做一份功德，所以，這裡叫做「無生道場」。

　　說起跟這裡的因緣，要再接到宜蘭閉關吧！我從靈骨塔以後想找一個比較安定的閉關地，來到宜蘭礁溪，有個警察介紹龍潭湖邊的山坡竹林，我搭了一座茅篷，就到那裡去打坐，叫做「如幻山房」，後來旁邊搭建為「寂光寺」。我在這裡做了三、四年的閉關。茅篷邊都是墳場。有一座莊姓人家的墳，我也會去那裡打坐，那時每天都坐十八小時以上，回寮就是弄點東西吃，再去那裡繼續打坐，結果那莊姓人家跑來罵我，說我這和尚不道德，來墳裡盜他們祖先的靈氣，但是過沒多久，這家人又跑來感謝我，說他們家本來有個什麼厄運，被我這一坐就給「坐過去」了。建造靈鷲山時，這戶的莊老先生不僅出錢出力，他女婿是做建築的，也上山來幫忙，我斷食時，他的小孩也來幫我護

關。這超度結來許多善緣。

後來斷食因緣成熟，但因往來會客都辛苦，所以就找到員山武舉人的廢墟。斷食是很危險，要很安靜絕俗，宜蘭這裡參訪的人氣一多了，就會吵，受干擾，有個弟子又介紹我到福隆山上去，這是我跟靈鷲山結緣的開始。

為什麼要斷食呢？一則透過生理極限的沉澱，讓觀照力更清楚，你會看到這身與心是兩個東西，看清楚這靈靈明明的本來面目，無頭無尾、無有質礙。所以，斷食不是尋常可為，要有一定禪修基礎，像做實驗一樣加工，這樣去照明每一個發生，從歸零中看到一切發生的根源。

這座山，雖然不高，可是人煙稀少。同樣的海拔，沿海附近山脈都有人煙，但這個迎風巖角，奇寒奇濕、溫差無常，這裡正是東北季風的鋒面

處。有人查過地方誌最早的記載說，十七世紀葡萄牙人占據台灣時就把這個山海地方取名為「聖地牙哥」，就是「山貂角」發音的來源。地方誌記載北台灣山脈有一觀音山脈，分出十八個支脈，叫做十八羅漢山，其中一支叫福隆山，這就是福隆地名起源，所以靈鷲山的起源，也跟福隆地名與觀音信仰息息相關。這地方也盛產劍筍、橘子和番薯，算是三項名產。

觀音訂走的地方

山上多嚴貧瘠，沒有辦法耕種，只能長番薯，早期福隆人只能在山上種番薯，那時山上有許多猴子出沒，猴子會來偷吃番薯，有一次村民氣到把猴子出沒的洞用石頭封了，自此猴子就絕跡了。現在靈鷲山裡祖師殿上方還有一個猴子洞遺址，跟法華

在法華洞閉關時，觀照靈鷲山緣起。

洞一個巖脈，下方還有一個歸源洞，整個山勢如斷崖。這裡也有老鷹穴，還有飛鼠巖，很多野生動物，蛇、果子貍、山羌、野豬都是常見的。在地方人眼裡，這座山很靈感，山頂常有上下跑動的紅色火光，遠方的漁船時常可以看到，以前漁村只要看到「出火」，就知吉祥，出海可以安全歸航。

早年有宮廟看上這塊地理，聽說有幾次蓋宮廟的計畫。有一回，工匠都找齊了，石材都運上來了，但開工那天中午工人睡午覺，都作了同樣的夢，夢見有人跟他們說：「這裡不是你們的地理，快走。」那天很多工人回去後，身體都不舒服，後來蓋廟計畫也就不了了之。徒弟道明回憶蓋大殿期間，曾經有一位當初發起蓋廟的人還上山來住過一天，他很好奇我們可以「安住」，說這裡不是一般人住得了，不適合蓋一般道廟。果真是觀音菩薩訂走了。

　　我是從宜蘭武舉人那邊就斷食轉過來的。那時，住福隆的徒弟阿慧介紹我過來，說這半山腰有一座仙公廟靈氣很旺，一九八三年夏天，我才找過來，借用觀音亭的洞穴閉關。一借，就住了四個月。這裡很多起乩，會干擾到，我就想到在山裡再找找能夠好好安靜斷食的地方。後來，道明說持

誦〈大悲咒〉祈求觀音得到靈感，就轉到後山找到洞穴作安頓處，我這個出家人才有落腳安住的「家」。所以我會來到這個大修行道場來，一方面是斷食的因緣，還有冥冥中觀音菩薩的安排。我感到這裡的磁場，真是跟普陀山地脈地氣有關，一直以來在靈鷲山發生相應，這個地理為我打開發揚觀音法門的契機。

後山的這一頭更是荒郊野嶺，最麻煩的是沒有水，雖然斷食，還是要有水，沒有水沒辦法維生，所以就趕緊去找水源，為了找水，跑遍這座山，我才有機會更仔細觀察這座山的地形、地物、動植物生態，哪裡適不適合蓋廟？哪裡有什麼洞？哪裡地理靈？都一清二楚。

本來，我想找一個比較大的山洞，結果遍尋不著，就找到這個大岩石縫穴，我們自己整理出一個山洞來。本來不是洞，只是大小岩石壘，我們挖出

泥沙、搬掉石頭，太大塊的石頭先要敲碎，搬開碎石後，終於有一個山洞的規模。有了這半人工的洞，我就從前山普陀巖搬過來開始入關。我記得是觀音出家日搬進法華洞的。

多年以後，有一位凱達格蘭族的朋友來說，他們祖先在這裡放過狼煙，這裡可能是他們祖先留下的遺址。我想想奇怪，這法華洞地方本來沒有洞，明明是人工挖出來的，怎麼會誤打誤撞，有這麼剛好的事？後來看看，這山裡巖穴很多，有的洞下方還有溝穴互串，這山直逼海岸，石壁礁巖又多，有可能先民捕魚生活時，會放狼煙作訊號，狼煙循著岩洞竄到這山崖孔穴，也許不無可能。

提水作務的斷食關

我在山洞閉關時，每天都要從前山腰提水上

山，最少要去一次，一天喝一杯水，還有辟穀法本裡記載特製百花丸，大小如同正露丸，一天九粒。宜蘭有弟子會去幫忙採製。這樣一年後剩下皮包骨，因為骨頭壓到筋脈會不舒服，大部分時間都禪坐，偶爾四處走動，但是精神卻很好。

經過危險的適應階段後，斷食效果逐漸浮現出來，因為禪修加上斷食的關係，身體也很輕安清淨，覺性明亮。斷食的第一週，還會一直暈，一個月後，會想到以前喜歡吃的東西，三個月內還是覺得身體痛苦，是個負擔，三個月之後才慢慢轉變，身體逐漸適應、愈來愈好，還可以提水走山，六個月後就很舒服輕安，一年後就習慣了，體重約五十六公斤。一年後，精神和體能都變得很好，有一次道場沒水，我就到處跑、看山。大部分時間就是禪修。不用洗澡，也不會臭，身體還會發出香味，好像一些蟲蟻、動物也不會侵擾。

閉關一年後，情況很好，我又決定繼續下去，又過了一年。

　　那時，因為我斷食很危險需要護關，可是這裡沒地方住了，徒弟只能借住在前山的仙公廟、普陀巖，或是露宿在石巖上，後來勉強蓋起一座草寮，不夠用。為了解決護關的問題，就想辦法再籌錢蓋了現在的祖師殿。

　　蓋小殿時的建材也是這樣提上山來的。後來來山護關的弟子，都養成了提一袋砂的習慣，或是隨手帶上一些護關用的物資，走上來。那時，沒有車道，都是石階路，到仙公廟才有聯外的路，我們要蓋殿用的砂石，都這樣靠人提上來的。算起來，經歷過提砂石上山的信徒，大概也有一、二百人吧。

　　最早蓋小殿的那五萬塊，是超凡法師來看我時供養的，只夠給工人工錢和建材的錢。沒錢時，宜

開山聖殿香爐雲海。

蘭的莊老先生也幫忙過，還有一個幫我監工。他們都是早期的護法。為了省錢，很多就地取材，自己也打石，山上多是石頭泥巴，我們就用泥巴黏石頭來填蓋牆垣，既堅固又冬暖夏涼。徒弟道明有一次被我驚嚇到了，因為我搬石頭撞倒了，痛苦得好幾天沒有動靜，又不能送醫，她感覺我快要死掉了，幾年過了，她提起來還是驚魂甫定一樣。

小殿空間很小不到十坪，護關一切都靠它。那

時分眾兩廂，兩邊各擠睡五、六個人不成問題。照顧我的人、來拜訪我們的人就可以在這裡稍事歇息。前廳中間，設置一座佛桌，擺設和現在差不多，外頭放鞋子，還各有一道拉門，用拉門隔開。直到現在，這個小殿的結構也是沒有改變，一樣裡面都是泥巴，外面塗上水泥。這裡除了擋風避雨外，沒水沒電，什麼也沒有，蟲蛇多的是，滿山荒草石礫，靈鷲山就是這樣起了頭。小殿可是最早的殿堂，立著傳承祖師牌位，代表著本山的宗風，早期出家的弟子都在小殿拜佛拜懺，一天拜一千拜、二千拜都有。

可以說，我是以法華洞、祖師殿為緣起，在這裡樹立宗風身教，還有傳承。

小殿建好後，有了護關落腳處，隔年才續建開山殿。那時，比較有善緣善款可以做規畫了，這是後來的事。信眾多了，有種種問題，有種種教化需

求，來山要吃飯，所以建了廚房，當然也有簡單廁所，慢慢建起了大殿。我們的開山殿就是早期的大雄寶殿，兩個殿都是一般民間紅瓦石屋，不是什麼標準宮廟寺院的建築風格，也沒有什麼內裝，只是一個長方空間，都是打地鋪、席地而坐。

直到現在，靈鷲山大部分殿堂也都是這種自然禪坐的空間，頗簡單，結構盡量就地取材，沒有餘錢講究什麼，好像觀音菩薩都準備得剛剛好夠用而已，可說是家徒四壁、毫無一物。

這裡窮鄉僻壤，沒有人煙，一切所需要人工扛上來，很辛苦，弟子法性一直想要回宜蘭，想說等我閉關出來後，就會回到宜蘭的如幻山房。但我決定留下來，還在半山處設了兩個馬達打水，一次只能抽一個的水，接了水再走上來。從山上走下去，要走一、兩公里的山路，後來信眾人數多了，在山上到處找水、接水，設了幾處引水儲蓄的地方，差

不多捱過我斷食的兩年。

環境豪華不好修道

　　不要看這山不起眼，看房子很普通，靈鷲山的一石一階一磚一瓦不比平地蓋建，都是格外艱困下成就的。經過開山過程的許多「老人」回憶起當年來，還是回味無窮、相當懷念。要感恩當年提砂子走上山來的護法菩薩，這些二、三十年的老居士每一趟回山，用水用電都很注意，粗茶淡飯、打地鋪也很快樂，大家都很珍惜靈鷲山「常住」，不求舒適享受，也會捲起袖子來幫忙，大家每逢觀音成道日時都會感恩。這裡讓你放鬆下來，更貼近自然。

　　我是覺得，修行一旦講究享受，環境豪華，很容易放逸鬆懈，連出離心都難生起，何況向道精進，所以來到靈鷲山，就是要打心裡認知這裡是源

自一個苦行斷食的緣起，要感恩大自然的造就，感恩觀音菩薩的教化場，這裡沒有豪華，也不求舒適，一切差不多夠用，一切呈現都是為了讓你找回自己而已。修行愈簡單樸實，愈實際受用，愈能夠精進不退轉，因為修行人本色就是接近自然、回歸自然，更不用說環保。藉著回味往事，我們要發願繼往開來才是。

　　靈鷲山這個名稱的由來，是希望它日後是個大乘佛法的道場。釋迦佛在印度的靈鷲山講法二十二年，靈鷲山就是大乘佛法的重要根據地。這處山脈，在地方古稱卯貍山、茗蘭山、鷹仔山，很多岩石都是向外尖突，造型跟鳥是一樣的。我斷食兩年出關時，因為要到印度朝聖的因緣才開始復食，那時我看這裡的地理地勢緣起跟古印度靈鷲山實在很像，也為了感恩佛陀的哺育，所以朝聖回來後，就定了靈鷲山的名字。

在玄奘大師所著的《大唐西域記》中記載,他在印度的那爛陀寺落腳時,曾到王舍城朝聖,當地盛產香茅,又稱為「上茅宮城」。出城,約在東北方十五里外的高山就是靈鷲山。其中北嶺的樣子就像一座老鷹,山上的高台可以容納數千人。我們所熟知的《法華經》、《金光明經》、《大品般若經》、《無量壽經》,都是佛陀在此山宣講的。因此,佛教徒將此處視為佛陀報身常在的淨土,所以大家都把佛陀演說的《法華經》等稱為「靈山會上」。

有一次,畫家好友楚戈帶了韓國的殊眼和尚上山來看我。殊眼禪師是禪畫大師。他就問道:「印度有一個靈鷲山,台灣也有一座靈鷲山,哪個是真?哪個是假?」我說:「都是真,都是假。」殊眼繼續問:「那麼,怎麼分別真假?」我又答:「分別就是假,不分別就是真。」結果楚戈聽得過

癮，現場就展開宣紙要即興揮毫紀念。楚戈要我們
兩個法師各落一筆，最後由他再把整幅畫完工。這
一幅畫就叫做靈鷲山，還掛以前客堂牆上。

接緣接心接福氣

　　早期接引的善信都很苦。這可能也是相應觀音
法門的緣起。

　　當年我到福隆時，冬天濕寒冷清，夏天沿海才
有些戲水的人，談不上觀光，商店很少，年輕人多
半外流，彎到山裡來則沿路崎嶇，多霧強風溫差
大，開山後沒有路，從半山後找地形開路，但是坡
度太大，沿路泥濘石礫，只是勉強走車而已，出入
也危險，我一直希望我的閉關修行能夠帶來福氣能
量，用修行的善緣來造福這個地方，從這個無中生
有的道場開始，慢慢做接引的工作。

開山時，只是想說我們受益於佛陀，受恩於觀音，所以要把這份修行的心得成果，回饋給眾生，是這樣一份感恩報恩的心，其他就看事辦事，沒有什麼具體計畫。但是觀音菩薩的安排就這樣自然應運而成，都是從這份教化眾生的共振開始。自己慢慢覺得可以對社會開始有點貢獻，為這個地方帶來人潮、帶來繁榮。

眾生是福德的來源。我常常說接緣就是接心、接福氣，後來很多人來拜訪我，人來人往，每天都要應對各式各樣的問題，要被考試，我也可以發揮長處。我與眾生往來應對，會自然靈感，因緣自然會催促成形起來。我一個修行人能做什麼？一心只是想把這樣美好的修行分享給人、帶給世間，一面幫助他們開懷開心，一面點點滴滴也印證自己的修行體會，把佛陀的教育跟當下因緣銜接起來，確認！再確認！那個般若起妙用，往內迴光返照是覺

明，往外應緣方便是善巧。觀音菩薩聞聲救苦的關鍵即是「觀音妙智力、能救世間苦」，這一切能量來自禪修覺照的慣性，用修行的觀念來面對世間一切，自然而然會有很多感應。

剛開始山上不只簡陋，真是什麼都沒有，都是遇到問題、有了需要，才有解決方案的因緣；只有一份修行的體會，還有把「自受用」轉成「他受用」的應緣抉擇而已。空間更是擠到不行，都是用最簡單的方式，沒有錢買材料，只能就地取材。比如靈鷲山大殿的石材，是麒麟岩懸著兩顆大石頭，眼看危險，工人也擔心房子蓋在這裡，以後石頭會掉下來砸到人，正好就是把它們弄下來，敲成大殿石牆需用的材料。山上石頭多，加上風強濕度高，雷震颱風都多，一般建築材料難耐，所以，石頭屋就變成這裡殿堂與關房的主要風格。

信眾都是自己來去，他們跟我互動後，就會呼

朋引伴，就想找人來跟我碰面。他們問的都是生活疑難雜症，什麼人都有，我就是一個人這樣開始，度我生生世世的緣。一開始是從宜蘭修行來的弟子，還有從台北、桃園這一帶可能跟我早年生活範圍有關，還接引到台灣各地。每一份接引，都是獨一無二的，都是我們的功課，一個人畢竟有限，一個一個去接應，實在力有不及，我就這樣開始想：是不是有個計畫，可以做一個平台，讓更多人來接近佛法。在這個時代，可以如何廣開甘露門？這觀音菩薩救苦救難，一定有祂的智慧善巧，看我們是怎麼去體會而已。

　　信徒來來往往多了，比較有善緣根器的護法，也慢慢會自動自發，他們自己會用很好的關懷服務去回饋自己的緣，很多早期的護法信徒就這樣逐漸成熟起來。所謂道場的「服務系統」，就是你怎麼用佛法來幫助、服務這些人。大部分信徒都是皈依

以後要念誦〈釋迦佛心咒〉，然後希望他們每天做做日課，比如誦《金剛經》或持〈大悲咒〉，這是我們恆常做的功課。

那時我的斷食已經結束，只吃一些流質，沒有到處弘法行腳，信徒就找上來。早期皈依弟子會說「這個師父滿神的」，這個「神」意思是說我很「靈」，他們東問西問，目的只想找到個萬靈丹讓心安定下來，從內心苦惱、感情、事業、家庭、朋友，未來怎樣走下去才會好？會不會有小孩？會不會升官？這椿買賣如何？那項事業會不會成功？遇到這種挫折怎麼解？這麼苦怎麼度過？甚至傳說我預言很靈。其實，我只是聆聽他們，當下去點撥，給他們一些佛法的分享和體會，給他們一份安定祝福，重點是鬆開他們的執著點。開山時真的是「練得身形是鶴形，千株松下兩函經，我來問道無餘說，雲在青天水在瓶」。

當然，他們總覺得我是萬靈丹，講什麼都靈，所以他們覺得只要有問題，趕緊跑上山找師父就對了！但是，一看到我又忘了問題，跟我去走走山就忘了煩惱，跟我講講話就鬆開來了，天大的事好像也沒什麼了。這是他們護持最大的回報，就是可以一直找到他們的「感應」，他們一天到晚說不完的「感應」。其實，他們的「感應」只是自己心的覺受變化而已，更多可能是來自盡在不言中的「身教」，或是盡在大自然中的「境教」。

我常常覺得很有趣！也許我們發願來修行、來利益眾生，法師就是變成一個世間煩惱的「福德坑」，是一座「空性的焚化爐」，佛法是救命的安心丹，我們就像佛法的推銷員一樣，就是想辦法讓眾生相信藥到病除。事實上，佛法就是從根源處下刀，調整他們的觀念，只有當觀念改變時，他們生活才會改觀，命運才會改善。

　　眾生跟修行人最不一樣的地方，就是眾生不相信自己本身有「度苦」的能力，不相信原來一切煩惱都來自「妄想執著」，一切感應都來自自己的心，他們需要透過三寶、透過找師父才有信心走下去，好像有了明燈一樣，才會慢慢看清楚方向、找到路，看到問題點來去除煩惱習氣，然後慢慢趨近自己的「本來面目」。所謂「迷時師度，悟時自度」，不管是師度、自度，還是一個學法的心路過程，佛陀的教育就像點燈一樣，三寶就是點燈人，目的是點亮我們的心燈，照破一切煩惱黑暗。所以說，三寶是眾生的皈依，眾生是三寶的福田。

　　這個「靈」，好像是禪修深了，就會自然反射，是自然而然的感應。但一切還是不離開這個空性的覺海，那是不假思索、不分別思惟的，它自然會應緣而生起。

以法爲伴侶，以願力爲命

　　〈大悲咒〉是我的伴侶，我希望把念咒的利益分享，讓眾生開啟自己的本來智慧福德。這〈大悲咒〉很管用，我們信徒覺得我很有感應、很靈，其實應該說是〈大悲咒〉的功德加持，也是觀音菩薩的祝福。〈大悲咒〉就是修行的保證班，所以我傳授〈大悲咒〉，讓他們可以找到感應的源頭，很多煩惱就自動消失了，很多困難就會在念頭處轉開、隨之瓦解了。五蘊身心本是一體互動，心開，運就開了，因為執著點鬆了，很多問題都會迎刃解開，身體病痛也會好轉，或是不藥而癒，這是很多感應發生的原因，都是自我療癒。我對〈大悲咒〉一直有這樣信心，很多人大概都是這樣和我結緣的，也是這樣跟我的願力連結的。

　　弟子問我：「師父，你的佛法系統是很自然就開始了嗎？你要講什麼、做什麼，都事先有預想什

麼嗎？還是自然而然開始？」我沒有預想什麼，就是隨順因緣。心性與般若是我的專業，般若是對禪的詮釋，禪是心性，運用學是般若，當我們把心性的密度掌握到滴水不漏，就不會失去自己，如果你對自己的反省、剖析不夠透徹，沒有達到那個心的絕對性，你沒有辦法產生實用的力道。般若不是透過一套學問達到，也不是有時而盡的學術討論，它顯現為生活的一切，是你要打開自己心門才有的顯現，那時智慧如如，慈悲也源源不絕，就是我們修行人終極要找的活水源頭。

我無依無靠，也不是什麼上等根器，只是經過努力去換取真理，但我沒有間斷過禪修與〈大悲咒〉，其他沒本事了。內在的執著性要靠止觀去化解，止觀不夠就無法融解心念的「硬」；外緣的執著性要靠〈大悲咒〉去化掉，念〈大悲咒〉有止觀的效果，也有緣起的效果，也就是善緣會聚集，惡

緣自然遠離。我至今如果談得上事業功德，都是來自〈大悲咒〉的修持，依靠觀音的願力，才開創一點利益眾生的事業。

想要觀音菩薩來幫助我們，就得虔心至誠，你要先有求度的念頭，才會得到觀音的幫助，你不求度，祂不會來，如果是正確的願力，就會感應到幫忙，人緣、資源、財源都會來幫你；不正確的動機發心，不僅得不到眷顧，還會有災殃，讓你有得受。所以，起心動念都是因果，要很小心，所以說「菩薩畏因、眾生畏果」，起心動念都是觀音顯化與受用處。

如果你的想法不是觀音菩薩想要的，是不相應的，那是不會有萬緣齊發的感應，如果確實跟祂相應，不管遭遇再大的困難最後都能夠成功。比如蓋世界宗教博物館，剛開始提出這個構想時，從內部到外部都群起反對，我講這套觀念，一般人也不理

於靈鷲山山頂

解，也聽不懂，為什麼一個和尚要蓋一座包容所有宗教的博物館？愛與和平是不是陳義太高？這個窮和尚除了早年的打工漂泊和後來的閉關、開創靈鷲山，憑什麼因緣就這樣呼嚕呼嚕、滾動起來？也真是用十年工夫實現了！為什麼能夠成功呢？「應以何身得度，即現何身而為說法。」你看是多麼實際的示現！宗博就是普門示現，真是不可思議的一個完成。

不修行，不可能有宗博，那不是錢的問題，現在很多地方有錢也說要蓋，講那麼久也是沒有，那是觀音菩薩要做的，祂的緣，就是好好接受。繼宗博後，我還有一個「生命和平」大學心願，這是從宗博理念延伸出來的文化教育園區。很多弟子擔心會不會像當年一樣辛苦？有沒有那麼大的一筆經費？但我以前做了也不擔心，現在我也不會擔心，我沒有左顧右盼。可能那也會是一個大計畫，但我

沒有覺得它大，只覺得有那麼一回事要去達成，就會有祂的因緣，祂要的就是這時代必然會呈現的東西，來呈現祂的慈悲救苦，祂也會有祂一定的安排、照應與啟示。我就是不動搖、一直做下去，義無反顧去做。

最近弟子都很緊張的問：「師父，現在大學很多辦不下去，招生不足，看起來這個計畫比宗博更困難喔？」我說：「不是要辦普通大學，而是建設一個讓生命和平的宗教文化教育園區，這裡讓各宗教、各領域的人都可以來參學，大家可以來找出各種衝突的原因，研擬和平的實際方案，並且有一個促進和平的機制。」

我孑然一身，這一生的發生，來自於我對觀音菩薩的信，觀音是我事業的導火線，所有的因緣安排，都相應著祂的願力軌跡，可以說觀音菩薩要度化的，整個有祂一路的安排，我只是祂的替身。一

切都是觀音菩薩的事業，也是眾生需要的事業，來自修〈大悲咒〉的功德，我感到自己每一個緣起，每一份福氣，都是這樣來的。想到當初我是一個連電費都繳不起、下一餐常常沒著落的人，這一切不是我可以為的，如果不是觀音成就、不是眾生護持，沒有〈大悲咒〉來帶動來這一切的發生，是不可能的。

　　如果問到我自己有沒有什麼觀音的感應故事？倒是沒有！如果說有，我比別人多了一點是：我願意去貫徹祂的任務！我覺得，當修行插上心性的電源時最感應，念〈大悲咒〉就是電力來源，那麼，感應說也只是「心誠則靈」、「福至心靈」的平常心而已。

願，工作種福田、生活即是禪 **第六願**

　　爾時、佛告大樂說菩薩：此寶塔中有如來全身，乃往過去東方無量千萬億阿僧祇世界，國名寶淨，彼中有佛號曰多寶。其佛行菩薩道時，作大誓願：若我成佛滅度之後，於十方國土有說法華經處，我之塔廟，為聽是經故涌現其前為作證明，讚言善哉。

　　　　　　　　——《妙法蓮華經》〈見寶塔品〉卷十一

　　到法華洞閉關以後，人緣開了，心也開了，慢慢就想教育的問題。那時期，我開始有「生活禪」理念。

懷念淨慧老和尚，兩岸佛教共契生活禪

　　講到「生活禪」，我很想念淨慧老和尚。老和

尚曾經是虛雲老和尚的隨侍。二○一三年四月他往生了，享年八十一歲。記得二○○○年七月我跟香港楊勳居士來到河北省石家庄柏林寺，我受邀擔任生活禪夏令營的傳法老師。記得七月二十日當天傍晚第一次踏上這四十畝的趙州祖庭，淨慧老和尚已經笑臉迎人在山門等我。中興祖庭分三進，很有規制，都賴老和尚用心，一百九十八位來自全國十六省市的大專生分列兩側，八十位常住法師各皆拿幡蓋、法幢、香爐、香華，列側前進，氣象非凡。

　　路經祖師塔前時，老和尚領我們一行邊說：九年前他剛到時，只剩二十二棵柏樹和一座破塔，文革當年紅衛兵用機關槍掃射，塔有七層，上二層幾乎像蜂窩，塔尖斜了。後來重建，上二層撤掉重修，塔尖扳正二十公分，成了現在的樣子，不過塔尖現在還是朝西北傾斜二十七公分。老和尚說：「今年法的緣起特別好。」聽到老和尚講起當年，

再看到這眼前氣象，我滿心感動，對老和尚讚嘆說：「這裡未來是『正法的光明』。」

老和尚講說一下重建的因緣，一九九四年三月重建觀音殿時本來以為是六、七萬人民幣，後來用了一百多萬，後續又不斷增加，直到現院北新啟的萬佛殿及善信樓，端賴楊家兄弟等「中興護法」護持才蓋得。

楊勳說到當時情景，一九九五年觀音殿開光前一晚法會，有一、二千人參加，正逢佛誕日前夕，佛像開光後，當夜天空如閃電般持續十幾分鐘，第二天轟動全城，趕來開光的就有一、兩萬人，將寺院團團包圍，成為中興祖庭一段佳話。

回到雲水樓歇息，我跟淨慧老和尚則都同時讚嘆楊家居士發心護持不容易，最難得是一份恭敬心：「真正是常不輕菩薩，對大和尚、小和尚都一

視同仁，連對居士也一樣也不例外。」楊勳居士則開懷笑說道：「這些老和尚都要找對手，找有根器的弟子來對決！」

晚餐完，淨慧老和尚在「法輪閣」集合全體常住法師，請我來交流開示，也邀約隨行法師一齊會談出家眾的生活與修行問題，謝絕在家眾。大家席地而坐、圍一圈，淨慧老和尚邀我坐在前，監院明海法師擔任司儀。我要頂禮老和尚，但老和尚謙虛的托住了我。

當場我們兩岸的法師，關著門來講僧眾家務事，就是什麼問題都交換意見。一開始大家都很沉默，明海法師一旁催問，我說：「老和尚教育得已經非常好了，我是畫蛇添足。」大家還是沉默著，我接著說：「電視不要看、流行歌不要聽。聽多了、看多了，心花了，道心會不見了，最後出家出不成。我以前跟續祥法師學法，續祥法師三更半夜

常常突襲檢查我在做什麼，不准看報紙、電視。在我們道場，我就是時常用罵的，每週一把大家集合起來罵，老師就是做監督的功能……」

說著說著，老和尚問：「打不打？」現場開始有反應，我們也笑出來，我回答：「打！」「也看是不是打的料，不是那塊料，愈打瞋恨心愈重也不行。」「有時打罵沒用。他們最怕我不講話。」大家都笑了。

明海法師首先發問：「若是想苦行，法師會如何建議？」

我說：「本來我二十歲就要出家了，到處找道場來支持我苦行，一直找不到。我覺得一下子苦行是比較危險的，要先發菩提心、再修苦行比較好。在道場的好處是，互相監督、互相刺激學習。寺院就是學院，學院就是寺院，我也會請很多老師

給他們上課，老師都是我親自挑的，要有正念、有證量，三乘我都請。修行最好是從奉獻、服務開始。」

這時開始熱烈發問了。淨慧老和尚就一旁笑著聽我跟他們互動。他們的問題從法門、斷食、塚間修，還有我為何穿紅袈裟？個人修行問題都有，還問到「道場管理」。

我說：「寺院管理，我是從很多寺院學習來的。寺院管不好會分派系，有好的老師，就會把大家凝聚起來走共同的道路。道場就是成就修行的地方，出家人要有抱負，就是承先啟後。我的管理是啟發性的，不斷啟發他們發現佛法，不是用框框的方式。」

最後淨慧老和尚總結說：「心道法師說的內容非常的好，各位有沒有發現一個問題：釋迦佛也

草寮禪堂，心道法師主持四季僧眾禪七。

好，師祖虛雲老和尚也好，心道法師講的都一樣，修行以發菩提心最重要，沒有資糧，要能閉完三年關的人很少了。」淨慧老和尚與我素昧平生，第一次見面，也都彼此沒有聽過，他説我們兩人「生活禪」主張不謀而合，所見略同，可見這是一個時代共同的佛法因緣。老和尚不忘讚揚我「句句肺腑、中肯，是修行人的真實語、如實語」，末了又轉到僧眾身上，嚴辭説：「我是堅持管制電視⋯⋯」

明海法師對這個問題很有感觸：「這是一個問題，大家覺得這個時代，你要弘法沒有資訊也不行，因為現在通訊太方便，類似電話、e-mail、大哥大，怎麼看待？問題在大家一煩悶，就老找家人朋友發洩，講個沒停。」

我説：「以前山裡只有客堂有一台電視，網路有管制。有一段時間我是開放他們看電視的，結果，愈看愈計較，愈業障，後來我就想一個辦法，

找人念時事報告，也是一個辦法。」老和尚點點頭。

老和尚：「我是不准他們回去探親，盡量不與家中聯繫……大陸佛教界也有不好聽的事情，也有拿趕經懺的錢回去養家的，三寶的東西拿來私用是會有業障的，私心多，業障大。」

我是回應說：「我的經驗是愈黏家的，家中問題愈多，還是要從根本去發心，出家的功德利益是很大的，對家人是很好的，出家人要清楚的是：家是輪迴的根，我們生生世世的家不知有多少？事實上，清淨是很快樂的，出家修行，第一個就是習慣孤獨很重要，要不攀緣、多付出、多沉默、多謙卑、多懺悔，從這裡去出離，然後出家才有一個受人尊敬的品格。」

一問一答，我們都覺得彼此的心沒有距離。散會前，老和尚與我又互相頂禮。

這一趟我很開心，看到兩岸佛教的一心與願景。老和尚是在一九九三年開始提出「生活禪」理念，辦大專夏令營，老和尚用「覺悟人生、奉獻人生」、「修行的生活、生活中的修行」作為理念。我是開山後開始提倡「工作即修行、生活即福田」，成立護法會以後以「生命服務生命、生命奉獻生命、生命關懷生命」作為護法的理念。我們的想法一模一樣。

三天活動圓滿，離開前老和尚安排一個種樹的簡單儀式，在面對趙州祖師塔庭前右角處，剛巧缺一棵柏樹，老和尚覺得天時、地利、人和，臨時決定跟我兩人合種一棵柏樹作紀念，別具意義，正好相應趙州和尚最有名的公案之一：「庭前柏樹子」。繞塔三匝後，老和尚與我一起開始鏟土種樹，老和尚先鏟兩鏟，再換我，還有楊勳居士，接續是寺裡和我們隨行法師都鏟了幾鏟，一路下去。

　　臨別時，淨慧老和尚送我非常有意義的神聖禮物，是一塊刻有「庭前柏樹子」趙州公案紀念的老樹根，淨慧老和尚說這正是當年趙州和尚對機公案時的那一棵千年老柏樹的樹根切下的一塊。我一直把它供在祖師殿裡，每一次看到它，我就想念起淨慧老和尚的叮嚀，還有我們的默契。

佛陀舍利來到靈鷲山

　　再回頭說開山時，一九八五年初，我啓程到尼泊爾、印度朝聖，行程中復食，只吃點流質。到尼泊爾加德滿都的一處寺廟參拜，我供養寺院一百美金，這是達利仁波切的寺廟，離開前，裡面有一位法師把猴子山的古塔發掘出來的佛陀舍利，給了我部分，讓我帶回台灣來供養。

　　這第一趟走訪佛陀的故鄉，得到神聖的加持緣

起，這些舍利頗不可思議，會增生，成為住持聖山的第一聖物，《金光明經》〈捨身品〉云：「舍利者，乃是無量六波羅蜜功德所熏。」「汝等今可禮是舍利，此舍利者是戒定慧之所熏修。甚難可得最上福田。」一九九二年，我們為這些舍利增生的緣起，特地辦了一場結合藝術文化的「舍利心海華嚴會」。只要看到這些舍利就提醒我以佛心為己心，承擔如來家業。

這趟聖地洗禮，我開始想如何把靈鷲山也變成這樣一個修行人心嚮往之的聖地，讓大家來到這裡可以放下身心，放下一切人我計較分別，在這裡可找回自己的神聖與安定，我想如何可以透過聖地的連結，把修行的寧靜磁場與能量，分享給全世界。

尼泊爾跟我很有緣，聖地很多，很多古今成就的行者都到這雪山一帶修煉。我後來去了尼泊爾好幾趟，並且在這裡成立中心，因為想要保護龍樹菩

薩、還有密勒日巴閉關洞等聖地，經過十多年的努力開發建設，現在已經可以使用，看來還是相當善緣具足的。這裡是釋迦族的大本營，目前約有一百萬釋迦族，二〇一二年，我來桑窟勘查中心建設，八十五歲的釋迦族首領普蘭巴哈度先生（Prem Bahadur Shakya）還特地來中心看我，邀約我擔任協會的顧問，我也邀請他擔任顧問。我想連結這些大修行聖地的氣息，可以連結到山上的教育，讓很多修行人都可以到這裡往來參學。

這些法脈、聖物、聖地等因緣，隨著舍利來山後二十年左右，可說像「雲來集菩薩摩訶薩」一樣聚集過來，都是隨著宗教或教派交流的腳步來到。

第三代摩訶菩提樹聖植

除了舍利，「摩訶菩提樹」二〇〇五年八月，

也從斯里蘭卡來到靈鷲山「聖植」，是二千五百年前佛陀證果的那棵菩提樹的第三代，原始的菩提樹很早就毀於征戰。目前僅存最早是斯里蘭卡的第二代。這第二代是二千三百年前，由孔雀王朝阿育王的女兒僧伽蜜多帶到錫蘭種植的。這一棵「摩訶菩提樹」來台，還是跟宗博有關。

「摩訶菩提樹」是由斯里蘭卡國會議員索比塔（Sobita），還有大菩提寺的住持斯瑞尼瓦薩（Ven Pallegama Siriniwasa Thero）及長老僧們一起親自護送過來，等於是國家禮贈的聖物。索比塔長老說：「從今以後，靈鷲山是名副其實的聖山，因為具足佛像、佛舍利、聖菩提樹。」

話說二〇〇四年耶誕節一過，印尼發生九點三級地震，引發空前的南亞大海嘯，波及到了斯里蘭卡，第二天，我接到一通來自斯里蘭卡的緊急電話，那是索比塔長老親自打來的。因為斯里蘭卡成

為第二大受災國，他希望我能夠透過宗博呼籲台灣各宗教的朋友一起幫忙。海嘯過後還餘震不斷。據聯合國統計，這一次巨災死亡人數超過三十萬，難民約有五百萬。

一週後，元旦中午，索比塔飛抵台北，帶來募款計畫書。從機場直奔到宗博的短短時間，我們聯繫到九個宗教團體代表，下午三點，在宗博開了一場聯合勸募記者會。

索比塔在記者會上沉重的說，他認為這根本是一場人禍，不是天災，是因為人類破壞地球環境所造成的反撲，我們人類漫無目標的科技發展還有核武試爆等等才是元凶。他冥冥中覺得宗博有著使命，因為大災發生前一個月，他正受邀到台北參加宗博「靈性與生態永續—水資源」的國際會議，討論的正是全球水資源現況調查與問題，當時與會各國代表都表示憂心忡忡，他說沒想到一個月後，真

靈鷲山正覺塔。

的發生這場世紀大海嘯。

這次記者會，促成台灣九大宗教團體成功合作，我們首度共同執行一趟國際賑災行動。雖然匆促成軍，但有效而快速。本來，各宗教代表都擔心各有募款及救援系統，會力不從心，能夠達成共識，已經很難得，但是，這樣的救援邊走邊調整的過程中，證明我們確實願意出錢出力，而且合作無間，彼此更相知相惜。這一次救援也完全配合斯里蘭卡政府的社區規畫，分批建造約五百間永久住屋，讓索比塔感念在心。二〇〇五年八月他專程送來這一棵無上珍貴的「摩訶菩提樹」，這是台灣第一棵受贈附有斯里蘭卡國家禮遇證書的聖樹，現在這棵樹植栽在靈鷲山觀音殿前。

還有，山上很多佛菩薩造像，都來歷不凡，多半是宗教交流帶來的禮物。比如開山殿、華藏海的玉佛來自緬甸，金佛則來自泰國。聖山寺金佛殿裡

供奉有三尊十四世紀的泰國國寶佛等身複製，地宮裡有一座般若浮屠，裝藏有鈦金屬板的佛陀聖典，我也把山上修行教育的理想表達進去，封藏起來。

靈鷲山上的四大名山規畫，還有五百石雕羅漢林列於環山步道，是我一九八八年朝禮大陸四大名山之後的靈感，我希望把大陸四大名山的聖山傳承與福氣也能加持到台灣。還有二〇一一年五月普陀山的毘盧觀音也得到嚴格審批，複製來山。二〇一三年六月，山上也複製了多羅觀音安奉到普陀山梵音洞，永久供奉。這些歷經奔波與周折的故事後面，都牽連著現代世界各地佛教徒的心情與願望。

我一直覺得自己累世以來就是觀音的僕人，我就是信祂，祂是我的法身母親，祂的願力是我要實踐的，我至今一切都跟祂有關。在修行上，我有很多老師，除了一心佩服的大迦葉尊者、虛雲老和尚、密勒日巴尊者等大修行者，最重要的還有我皈

靈鷲山朝山步道，有青斗石雕的五百羅漢羅列其中。

依的剃度師星雲大師、傳授我默照禪法門的仁海法師；在傳承上，我是一九九四年得到緬甸烏郭達剌國師的法嗣，二〇〇一年元旦得到寧瑪噶陀莫札法王的淨相認證，二〇〇七年十月我在深圳弘法寺獲得本煥長老授臨濟傳法，二〇一三年八月二十八日，我也回佛光山接了大師的法。這些都是我累生以來、顯空不二的法緣，也許只是為了串起我的記憶、提醒我的願力。在我內心覺得，自己就是一個佛陀的學生而已。

雖然，當年開山沒有預想什麼，可是一路走來，佛舍利、聖菩提樹、古佛再造等藝術，還有三乘法脈，我想聖山已經不是當年地方的傳說，也不是遙遙無期的藍圖，這三十年來可說已經善妙具足，讓人由衷感恩「觀音菩薩妙難酬，清淨莊嚴累劫修」。

禪師一天怎麼過？

一般人滿好奇我們這種人，到底每日修行怎麼做？大師一天是怎麼過的？

我就是「無為心內起悲心」作日用而已。禪與慈悲，就是菩提心的一體兩面。你怎麼一直去貫徹這樣的菩提心，一直任運遍滿一切緣起，就是要像《華嚴經》〈淨行品〉一樣綿綿密密地用心；要細膩到這個程度，這是觀念要成熟到可以悲心任運，能夠每天每時每刻，都做回小向大的工作，也就是發菩提心的工作，隨時隨地讓心安住於正念。觀念不成熟做不到這樣。但要讓觀念成熟，要靠禪修打底子，只有從禪修去鞏固，差不多禪修要到一天可以八小時以上的功夫，才能延續那個觀照力；禪要二十四小時綿綿密密做功夫，密集心念在這個本來面目上，比如睡覺，你怎麼做功夫？醒來第一念怎麼做功夫？行住坐臥怎麼做功夫？吃喝拉撒怎麼用

心？你要反覆做，濾掉一切雜染，這樣純淨去看自己的覺知，坐到能夠產生三摩地，這都是要花功夫的。這也就是觀音法門的核心。

這個禪定純淨的功夫，就是般若的基礎。般若又分文字般若、觀照般若、實相般若。一般人只在文字般若上做探討，這是不夠的，沒有辦法產生慧力，「生活禪」就是做觀照般若到實相般若的實踐工作。文字般若沒有力氣，實相般若才是得力的，才是大涅槃。這樣的觀照到實相，才可以透視一切事事物物而無所得，也不會遇到挫折就產生邪知邪見，變成進進退退的一個修道。所以，生活禪是最簡單扼要的修法，要修到「無為心內起悲心」，等於滲透到生活一切時、一切處。

禪可以說是大圓滿、大手印的境界，除非打妄想才中斷，即使睡覺也是觀照，觀照是一直在那裡，像太陽掛著，太陽無為掛在那裡，在無為當中

呈現我們心的本來面貌。心無造作就是無為的意思，平常我們的心被各種的有為法所障礙，忙得不可開交，事實上是自編自導自演、作繭自縛，現在回歸無為法裡面，讓太陽出來，天天看太陽，二十四小時像太陽這樣清楚明亮，無事掛心頭。

我們禪修是大無為，禪修是回到無為，無為就是不作用、不造作，就是「空性」的意思，要從止息我們的念頭下手，讓無為的本質顯現。無為就是我們靈性的本質，一切有為本質是無為，所以，靈性是不作用而任運任遍，就像鏡子一樣會顯露出萬事萬物，從無為裡面顯出有為，所以叫做「性空緣起」、「顯空無別」。

禪的壇城就是心的壇城。有沒有一個標準的壇城布設？看你的心便是，就是你無為心內所顯現的一切。

每天要不間斷持誦〈大悲咒〉，這是加行日課，每天持誦到一定數，一百零八遍或二、三圈，讓一切利生善緣呈現得更具足。

〈大悲咒〉啟動心的巨量

　　我念〈大悲咒〉是什麼因緣來的？我十五歲在軍中遇到一個軍醫，他就講：哇！念〈大悲咒〉時房子鬼影幢幢，什麼鬼神都會來聽！他講得很是神祕。那時，我就想好奇來念看看！念咒真是那個軍醫對我起了一個鼓勵作用來的，他還送我一本〈佛門課誦本〉，我就開始每天誦，打坐也從那時候開始練，自己邊練打坐，也邊持咒。我以前在墳場害怕鬼，就念〈大悲咒〉，很有效，就不再受干擾，雖然剛開始心裡還是害怕，但是覺得這些三惡道實在很苦，我一心只想如何可以幫助他們離苦，是用

那種心情在念誦。事實上，你如果用一個恐懼心理念〈大悲咒〉，是沒有力量的，你必須念到連接利他心，才有力量。

念〈大悲咒〉，你要念到攝心不亂，心念皆為利他。如果你沒有發起利他心，你跟〈大悲咒〉配不起來。這就是為何觀世音菩薩，在無量劫前的千光王靜住佛處，初聞此咒，頓從初地越登第八地。初地菩薩直登八地，等於不退轉了，你看這利他的功德這麼大。所以，念〈大悲咒〉就是很大的念力能量，就是啟動菩提心的能量。你要平常就累積，至少累積到十萬遍以上，要三年內圓滿十萬遍，那你死的時候，就可保送往生到任何國土，不只是西方，你想去什麼國土都可以。

佛法裡為何說這菩提心的能量這麼強？因為一切佛國淨土都是諸佛發菩提心成就而來。祂的願力支撐了報土的壽量，這些報土並不是抽象、虛擬

的，等於是實體有成住壞空的世界，有多少多少星系就合成一個佛土，這樣說來，有無量無邊的佛國淨土。比如阿彌陀佛以四十八願成就西方極樂世界，像密勒日巴就去了東方現樂淨土。所以，我們念〈大悲咒〉就是一種實際的力量；念到連結在觀音菩薩的願力上，就是啟動這個菩提心的力量。念〈大悲咒〉一定是走菩薩道的。

所以，我們練習禪的止觀，來軟化我們內心的剛硬執著，〈大悲咒〉則可以催動外在的緣起，讓一切善緣可以聚起來，這是一心體用，不是兩個，所以叫做「無為心內起悲心，速令滿足諸希求，永使滅除諸罪業」。

我在宗博開館前籌備期的十年太忙，沒有太多時間，等於念〈大悲咒〉的時間很少，這個生命因緣變化就會呈現出起伏不穩的緣起。所以二〇〇六年以後，我維持一年四次二十一日閉關，我又重

溫，等於重新調整，再出發。我現在閉關時，每天可以持誦一、二千遍的〈大悲咒〉。這要字字清楚的念波，念到心咒合一，念與音同時，念空心明。

三乘都是為了成就佛乘

事實上，三乘即一佛乘，三乘都是為了究竟離苦得樂。像釋迦佛這樣厲害，祂悟透了宇宙生命的核心，還是不倦不悔地做了四十九年的弘法利生，世尊是這樣去照顧開導眾生，是這樣去立下典範，留下無數身教法教來利益我們這些生生死死、輪迴不停的眾生。我們既然要修行，就要立下目標，要效法佛陀的足跡，就是不離開佛陀這樣的核心思想和修道路線。

小乘、大乘、密乘都有一套思惟修與止觀訓練，各有勝長，整體目標則是一致的。事實上，從

小乘的涅槃到佛的遍智還有差距，涅槃是開始，涅槃還要再發心，再發起菩提心來度眾生，就是繼續這個遍智的發心，這是勝義菩提心。這菩薩道是我們必然的一條路。

　　剛出關時，我那時主要是觀察到現代人的學佛問題，還有社會的潮流才提出「生活禪」來。因為時代這樣快速進步，訊息太快速多元，就像當年河北柏林寺的淨慧老和尚看到的趨勢一樣，要讓一般人專修到我們這種樣子，連觀念上恐怕都難以接受，更何況要去親自嘗試苦行，可能相當不容易。就算一時勇猛心發起來，但要持之以恆，不只是個人意志力的問題，還要很多環境、資糧、善緣的支持，是非常困難的事情，所以，我們就是從生活中來啟發他們，讓他們有信心興趣繼續踏進佛門最重要。

　　結緣以後，如果他們願意繼續來問如何修持，

我通常才會建議他們用《金剛經》、《普賢行願品》先鞏固根本，《金剛經》是體，《普賢行願品》是願力，這兩部是日課，再鼓勵他們來學禪修，還有每日持誦〈大悲咒〉。這樣作功課搭配，去扎根修行，不會走樣，慢慢他們當下生活中就可以去轉換心念、去服務奉獻。如果是皈依以後，我就會規定從〈釋迦佛心咒〉開始持誦，一年一百萬遍，一年後持誦圓滿再來請示；有時他們會遇到各種煩惱、麻煩，會進進退退，當他們再回來找我，我看他們的情況，請他們念經念懺或做什麼加行功課來除障、轉逆境，通常如實去做的，就有機會感受到殊勝的改變。

講起佛陀的教育，二千五百年來演變成三乘各路教派。這三乘教派跟著教化區域、風俗習慣，呈現方式就不太一樣。以前資訊不夠時，三乘各有優越感，彼此也有門戶之見，互相排斥得厲害，現在

資訊多了，慢慢了解，大乘可以觀摩小乘、密乘，密乘也可以觀摩小乘、大乘，小乘通常比較原始保守些，但基本上三乘都是可以互相觀摩差異的，彼此也會學習優點，認識到佛陀教育的寬廣！

我們學佛不是為了分別三乘，哪一乘高？哪一乘低？三乘即一乘都是佛乘，不成佛都是不究竟的。所以對於三乘，你要去了解，不要先批判，你批判一個文化時都要去理解，看它的背景是什麼，比如藏密有一個民族文化的根，我們顯教是半路切進來學，不是那種文化底子，就沒有辦法深入到他們的風俗習慣。修密也是止觀為主，整個系統就是拙火，是一個陰陽的問題，紅白菩提都是生理的變化，事實上從紅菩提的觀修可以成就虹光身，所以有單身、雙身說法，不是世間那一套男女問題。你要全面了解它，必須要很內行到能清楚掌握生理狀況，不是消化不良，世俗惡見參雜一通，胡亂批評

一堆，那就連個出離心都談不上。學密，一般都有一個老師跟到底，一直跟催，一直指導，這些仁波切都是不簡單的，他們受的教育滿有一個系統專業的，修行教育上也保有一個完整次第的特色。密乘是有一套全面規格化、系統化的歸納學，歸納佛法無微不至的思緒，把佛法寬廣、遠近、有無、究竟本來、明覺一心的生命系統做一整體梳理歸納，讓我們可以對修道有一個通盤的了解，可以掌握成佛的整體地圖。

還有，南傳原始佛教，像在緬甸戒律非常嚴謹，而且止觀禪定紮實，清晨托缽，日中一食，寂靜禪修，結夏安居，自成一套樸實的生活習慣，非常自然簡單。

大乘的特色與殊勝在禪。禪，就不是系統教學，而是透由實修去直入直探。顯教教育有時就是零零落落，比較鬆散，願力比較不夠，比起南傳、

密乘的傳承教育來不夠紮實，但顯教本來也有很好的傳統傳承，尤其是禪的實修，是很有特色的。

佛法就是醫療術，三乘法就是法藥，有那種病才吃那種藥，沒有那個病就不用吃那個藥，所以，三乘是可以互相觀摩的，本來就不是對立關係，也不需要互相排斥。

所以，我跟淨慧老和尚在兩岸分別提出生活禪，就是回到生活中的修行，修行滲透在生活中，都是回到佛陀的路線。我是覺得三乘教派或宗派就是一套修行方法，不是偏大乘、小乘、密乘，而是回到從整個佛陀教育來開展，再依據個人根器來進入。我們要去承先啟後，都要回到一個全盤的觀點來看。

願，回歸佛陀的圓滿教育 **第七願**

　　彼相發心因何而生？因大悲生。悲因何生？由依信慧。信慧因何？由聞正法。聞法因何？由近善友，是故菩薩先近善友，由近友故得聞正法。聞何等法？謂聞生死大苦涅槃至樂。因聞生信，信生死苦涅槃大樂；因聞生慧，知生死苦涅槃大樂。由信慧故便起慈悲，信知生死是大苦故，念眾生未出故起大悲，信知涅槃是至樂故念眾生未得，故起大慈。由慈悲故起菩提心，悲念眾生，於苦未出欲為濟拔。自我不出無由化他令出生死，是故發心願出生死；慈念眾生未得涅槃欲為授與，自我不得無由化他令得涅槃。

　　　　　　　　　　　　——《大乘義章》卷九

　　從近代來以來，兩岸都以人生佛教、人間佛教作為發展的方針，也都有生活禪的理念，可見這是時代的趨勢。

聖俗的轉換機制

　　我覺得人生佛教的關鍵在聖凡轉換。我對太虛大師所提出的「人生佛教」，還有印順導師「人間佛教」這兩個觀念的一路發展，觀察很久，我在兩岸及世界各地跑下來，有些心得要分享。這人生佛教與人間佛教還頗有值得探討的空間。歸納來講，人生佛教是在講「以人為本」的修行，人生佛教重點在處理人跟佛的轉換關係，也就是以人的角度如何把握住聖凡轉換；人間佛教的發展偏重人天乘，著重在人與人、人與社會建立的良好關係，強調入世弘法的普及性、寬廣度。我覺得這兩個走向下去會有差別，會產生不一樣的發展，還要回到佛陀教育的目標來審視一番，才能避免輕重偏失。

　　這世出世間，凡聖之間，就是正覺與不正覺，正覺要經過一番出離的轉換，才能離幻去妄。如果沒有出離世間的觀念，就說佛法是世間法，等於說

金礦就是金，這怎麼算數？這樣的佛法教育是沒有辦法把礦的雜質去掉，煉就成金的，修行沒有轉換逐漸會悖離初衷，不是圓滿的修行。金礦還有很多雜質混濁，要經過提煉才能變成黃金，一旦煉成金就不復再為礦，就像人生要變成正覺人生，要經過出離的轉換，入世弘法才會方便善巧、不逾矩。這是我體會到的人生佛教。

這些人生的雜質，叫做「見思惑」、「塵沙惑」，所以要用止觀來對治「見思惑」，讓見無質、思無質，進一步還要去除「塵沙惑」。「塵沙惑」顧名思義，惑如塵沙一樣多、微細無量，所以要以般若觀照，達到惑無質。要去除「塵沙惑」就要六度萬行，實踐菩薩道到圓滿境界，就是達到遍智的佛果。

斷「見思惑」是向內悟明，是緣起性空，破除人我執。破「塵沙惑」是向外驗明，是性空緣起，

破除法執。所以，太虛大師說人格最高的圓滿就是成佛，因為破除我法二執，就是成佛了。

太虛大師留有四句：「仰止唯佛陀，完成在人格；人成即佛成，是名真現實。」就是在人生現實當下去作修練，是可以即人成佛的。一切修行都要回到人的生活、人的生命去轉換，太虛把佛教從鬼神佛教、山林佛教拉回到現實人生，在人的生命裡去推動。人生和人身都是珍貴的，因為以人乘修道最有力，能夠直通佛乘，其他的五道輪迴眾生的生存型態就比較難。

我是主張人生佛教的，太虛大師的理想也是我的方向。太虛大師提出人生佛教，在我看來有兩項非常實際的方向，一個是以人為本位，證悟本來的心，一個是要利益眾生的菩提心，等於我們前面說的「生活禪」。現在大家都講人間佛教比較多，講人生佛教時就不太搞得清楚，這兩者都在主張佛法

靈鷲山多羅觀音道場的轉經輪。

要回到務實去因應生活或人生，實際差別在回歸佛教修行的本質，才能看到佛法如何處理人生問題、眾生問題來提出因應之道。佛陀的教育一直就是如何透過出離心、空性見，又能性空緣起，以願行菩提心入世，做聖俗之間的轉換接引，進而能夠提出一套落實生生世世的生命和平，達到世界和平的理想轉換，也能提供一套積極具體的實踐做法。這不是一宗一派，也不是一師一教的問題，實在是當代佛教徒的共同責任。

我在雲南遇到一位法師，他是從大乘再到緬甸學小乘，他學回來後又涉獵一些密乘，三乘都有基礎，可是他說出來的意思是，要把這所有世間法都當作是智慧！我說：「你根據什麼？」我的意思是，你到底根據哪一點，把世間法都變成智慧的？他把深刻的基底忘掉了。他擔任佛學院的學務長，就是這樣一直往前衝，一直這樣教學生的，我說你

憑什麼看到世間法就產出智慧？佛法在哪裡？我說佛法可以讓我們斷除煩惱、解脫輪迴，卻不知道他這樣運用世間法，一直活潑，一直科技，那到底這樣方便活潑下去的目的何在？問到後來，他也不知所云。

我們說般若是母親嘛！世間法如果沒有環扣住這一個根本，你怎麼去創造佛法的活潑？畢竟，科技還是科技，世間還是世間！你這樣到底是怎麼轉換到般若？那個關鍵轉換不見了，我看不到！

我們法師把「聖」帶到「凡」是責任，是為了讓人家去學習「聖」，再把「凡」透過學習引導變成「聖」，這個是聖凡之間的互動。你不能說：「凡不見凡，聖也不見聖了。」那你是會模糊掉整個佛法的功能。

比如舉辦「企業禪」或「菁英禪」這是沒關係

的，雖然是方便入世，還是從禪開始進入，才是有
一個本。有一趟我去上海，遇到一群商業聯盟的，
他們討論整個經濟下滑，有的就建議要把農田都蓋
房子，然後房子要怎麼規畫，七嘴八舌吵起來，一
直吵到把問題變成極端的目的去了。還有一次，我
去義大利阿西西島開會，我擔任觀察的顧問，本來
我不用講話，結束時他們讓我教一分禪，他們安靜
下來了，然後就說這五天開會，腦筋動到太累，還
不如這一分禪的效果。在上海，我也就是帶他們九
分鐘禪，他們也馬上安靜下來。就是說，學佛要有
一個願景、使命、目標，不是說一直入世！一直世
間法！你的轉換在哪裡？憑什麼入世？

禪，挽救失業率？

　　還有，他們問企業禪可不可挽救失業率？我

說：「禪只能挽救心，不能挽救失業率！」只有心挽救了，失業率才沒問題了。因為，我們佛法是講究因果，因果是一個福德問題，如是因、如是果，一切現象都沒有離開過這個因果法則。如果你企業常行善就好，不會有太大的問題。你可多方去比對企業的因果嘛！有的企業為什麼失敗？失敗一定有原因，你企業的做法是不是只追求利潤，有沒有良心？沒有想到過回饋社會？沒有想到為眾生創造幸福？

宇宙的核心就是一個良知，良知可以創造良性循環。企業失敗或社會失業率高，也是要從良心開始反省懺悔起！從個人到團體，到社會都是一個因果鏈，這是一個很實際的反省問題。比如失業率高的原因，從個人報到種報，也就是別業圈與共業圈。別業是指個人的行為生活圈，比如個人的行為會連結整體公司的業，所以個人做好，大家做好，

公司就會好，這都是從個人報的部分來講。但是共業圈就很大了，比如日本地震後核電廠爆炸事件，這已經變成環境整體受影響，它牽連到全部的生態，到底現在處理得怎麼樣？有沒有處理？我們看不到那個追蹤，要反省啊！還有，我們看到美國的消費主義，就是量產，追求量產到後來就是浪費資源，破壞地球的健康，這個業造大了，你知道嗎？「想要」超過「需要」，市場浮誇到極端，最後就是泡沫化，供需不平衡造成的假象繁榮！這個惡性循環到後來怎麼不會有失業率？

我說商業要有良知，要創造天堂，不要創造地獄。現在什麼毒奶粉、毒澱粉、塑化劑、地溝油等，這都是沒良心。

企業為什麼生病？你一味逼迫績效成長，哪有可能？社會為什麼很多病態？生態為什麼那麼多問題？看我們現在社會怎麼變成這個樣子，沒有良知

良能的人性呈現，這是自我毀滅的走向。我們診斷企業時，看到什麼？因為沒有呈現那個良知性，所以，從個人到大環境都不健康，不健康就是沒有良性循環。三百六十行業都是社會體質的呈現，也是人性的溫度計。還有，各行各業都可以從一個人事問題看到整體，如果你整體發展太感性，感性經營就好比企業家族化，雖然一條心，但是缺乏競爭力，所以還是要理性，才有競爭力，理性與感性經營二者平衡才會健康發展。企業裡的理性經營，就是要國營共產，感性是民營自由，這兩條路線都要合作、要平衡。整體世界也有這個發展的問題，人文環境、自然生態都要整體的使命、方向、目標，不是放任自由競爭，還要有永續經營的良性循環為前提。

人世間都是三毒、五毒才引起問題的。所以，入世要大智慧，反過來說，就是聖俗兩個東西是怎

麼轉換的？如果有佛法的體證經驗，自己經過修煉到達自我轉換成功，就能回收這些生活的點點滴滴變成智慧，才說得上可以去轉動世間法。所以，學佛一方面要面對自己的轉換，一方面要面對世間去轉換世間，所以要看到整體目的，看到因果，還要有一個轉換的智慧，才是能說得上利他菩提心。

這人間佛教如果通俗化到變成混雜世間法，看不到「出離在世間」，這就是要相當注意的走向。如果沒有出離、沒有轉換，你一再的勾連世間緣起，這個因果怎麼算得清？做了一大堆事業，說傳法要活潑，到底是用佛法包裝世間法，還是用世間法包裝佛法？動機是弘法沒有錯，但這只是知識傳授，這個佛教走向下去，到後來會變成很難掌控品質，只是在善惡業打轉，把聖俗之間的轉換機制模糊掉了！在講凡時出賣了聖！俗化到了後來，分不清楚是佛法還是世間？那這就不叫佛法了。所以，

這怎麼行？這是我們佛教衰微的一個傾向，就是看得滿令人難過的！

以四期教育，攝宗歸教

談到佛教教育，我們就是很感念趙樸初的那句名言，他說：「當前和今後相當時期內，佛教工作最重要、最緊迫的事情有三件，第一是培養人才，第二是培養人才，第三還是培養人才。」人才是佛法興亡的關鍵。

我出關時法緣很廣，那時代剛好也是全球經濟起飛的時候，我想一個一個度人，不是辦法，所以我們要有個平台，那時候就開始做了世界宗教博物館，那也是要回到佛陀證悟的初衷來看。你看佛陀的證悟，為什麼全宇宙都是華嚴世界？全宇宙就是生命的花園，所以宗教的終極不是區隔的。這僧信

佛陀的教育是圓滿無礙的生命教育。聖山寺金佛殿。

教育也要回歸到佛陀的本願來講。有人說，佛就是
自悟成就的，是一個大緣覺。其實，佛陀並不是沒
有老師，他曾經有九十六個老師，他的所見所聞所
悟和老師的教導發生碰撞，累積起來，又自己去突
破老師們的問題，終於到達一個圓滿的智慧。婆娑
世界就是釋迦佛做出來的一個場，不管任何宗教，
取作什麼名字，都是祂用來接引眾生的，讓你能夠
有層次、有次第地學習到大圓滿的智慧。

　　佛陀的一生在菩提樹下悟道以後，根據眾生根器弘法四十九年。剛開始初轉法輪時，三七日講《華嚴經》，人間還沒有契機，所有又從四聖諦開始講起。講《阿含經》十二年。後來第二轉無相法輪，以《般若經》為主，講了二十二年。第三轉是善分別法輪，以《法華經》、方等諸經為主。

　　那我也把成佛之道，根據佛陀的一生歷程，分為四個階段教程：阿含期、般若期、法華期、華嚴期。我就以這四期教育來培養人才，從在家居士到出家人都是一個主軸來貫穿，就很圓滿，可以攝宗歸教、三乘合一，不只是一宗一派，是整體佛陀的教育。這是我最重要的願力。

　　這個教育願力的最大特色，是走實修路線，也要入世，基本上就是修行弘法不二的路線。可能跟一般大乘佛學的人間佛教路線或是入世學術研究的能力教育不同，我們不是要那麼普世人間，而是走

實修菁英為主。別人已經做好的教育內涵,我們可以拿來用,也不排斥,覺得不滿意的,我們再來發展自己的教材。我在一九九八年差不多完整提出這樣一個僧信的教育理想來,把這四期教育願景大致綜合如下列。

第一階段阿含期的教育。就是匡正修行者的行為和思想,走上一條生活的修行之路。僧、俗都要從阿含開始。怎麼在生活中無微不至去貫徹佛法?精神上是相當入世化、生活化,但它的靈活度還不夠,所以在這個階段以後,再加一個上般若的訓練。

第二階段是般若期的教育。大般若就是止觀。止觀,必須要從內到外能夠貫徹,行住坐臥、應物待人都是貫徹的。因為止觀的訓練,所以般若的那個轉換力是非常高的,處處都可以轉換為解脫的智慧。阿含期教育是你有了修行原則,能夠再上一層

樓，加上般若，有很好的思惟通路、應用的理念。要把《大般若經》整理出分類系統教材，讓人一看就能很快掌握脈絡，能夠快速地學習。

阿含期主要匡正生活，所以每一個地方都不是解脫的，只有修止觀的地方是可以解脫的。般若期是處處可以解脫、四通八達，處處可以迎刃而開。般若對弘法很有幫助。

願力，窮人的點金棒

第三階段是法華期的教育。要走到大乘路線，怎麼去應用這個法？就是願力的呈現，把生命的願力建立好。弘法要有遠大的願力，要貫徹始終，要很堅固。願力可以防止你的退轉，因為我們學佛，常常遇到困難就是一下進、一下退，進進退退，最後一無所成。所以我們需徹底了解「願力」存在的

價值和力量。一般我們大乘教育的精進度跟密乘、南傳比較起來比較不夠，這是要反省、效法他們優勝之處。

那你要呈現什麼世界？你的世界是怎樣的一個世界？一般人只能享用自己的業力，但是修行人都是一個願力而來。

願力是窮人的點金棒！只要我們下定決心要對佛法做什麼樣的貢獻，或者成就的決心，這願力的點金棒點下去，處處都是黃金。願力憑什麼落實？憑著佛的授記，是可以成佛的，不是只到「涅槃」就好。從這個角度去許願、發願。願力的世界就是華嚴的世界。

我們這些窮和尚哪有什麼錢？都是苦哈哈出家的，願力就是我們出家人的錢，願力可以創造一切，有了願力，就有使命、目標，就會滾動人、

錢、資源，也不怕艱難困苦，就是會貫徹到底。出家人有了願力，就能讓佛法久住，不然三兩下就「退伍」了，抱老婆去了，你抱老婆也沒關係，那個願力還要在嘛！不要就丟到一邊去，在家還是要修啊。

接下來呢，就是華嚴期呈現。佛苦行的成果就在華嚴。華嚴的世界，到底是什麼？就是平等一如的世界。華嚴的世界裡沒有一個是眾生，處處都是佛菩薩的顯現。華嚴就是種子的世界，處處都有種子，處處都能開花，處處都有佛法的呈現，每一個種子都是成佛的因、成佛的果，不止是出家人，每一個學佛的弟子都有這樣的作用。華嚴就是成佛的果地。

這四期教育，從因地到果地，時間差不多一、二十年，或者再直接、短捷一點。差不多佛法修行就是這樣走的，有一個全面觀的教育。那麼，就不

會東學一點、西看一點，什麼都碰了，到最後連個修行成佛的路線，還是摸不太清楚。所以，我們就是把學佛的方向確定好。

我們現在的佛學院教育學生，到底是讓他們多學一些佛法的知識，還是給他們一條成佛的路？有的人一生沒有看多少經書嘛！我們從頭到尾都給你發展好，照著順序該讀什麼、該修什麼日課，路都給你鋪好，給你一個全壘打。

總結四期教育重點是，阿含期是戒、定的訓練；般若期是對空性的了解與貫徹，是止觀不二的訓練；法華期是落實菩提心、實踐願力；華嚴期是證入大圓滿，可以融通各教各派，也能回應世界發展的種種問題。

還有，這樣四期教育時間規畫要合宜，在僧伽教育部分，差不多要歷練十到十二年有一個穩定

心道法師以「愛與和平地球家」GFLP 組織來進行緬甸佛國的教養計畫。

型。太冗長會循環、呆滯，時間太短、求速成，則僧格養成不夠。僧格養成靠歷事練心、理事薰陶，如果培養時間不夠，就不會有好的人才養成，只是知識教育是不夠的，最重要是行儀品格的養成。

實證的部分就是「宗」的部分，宗門修持以禪修為貫串，僧信教育都是一貫的宗門。禪是什麼？

用「心」去貫穿。你說禪，人家可能會搞不太懂，你就講心的訓練，那麼信仰什麼宗、什麼教有什麼關係？你多認識自己的心，有什麼不好？

　　一個社會要安定不簡單，尤其末法時代，很難安定，價值觀亂紛紛，人心反反覆覆，父不父、子不子，什麼道德倫理也不見了，自我主義，隨心所欲。那在這種亂象中，我們佛教至少安定自己，自己也教育好自己的門生、信徒，也可以直接對社會發生那份安定、和諧的作用。

出家為徹悟本來、人天擁戴

　　我們身為一個出家人，要與時代俱進，要善觀察時代眾生的因緣，思索「時代與佛教」之間的關係，到底是佛教跟著時代走？還是佛教引領時代？我們要深刻反省，也要有所理解的。

　　事實上，佛教根本教義大綱就是四句：「諸惡莫作，眾善奉行；自淨其意，是諸佛教。」這個總綱是不分僧俗都一樣的，就是讓大家回到良知良能的善良，在佛法就有基本的十善業的因果，要有因果觀念，知因知果、不昧因果。知因知果，就是種什麼因、得什麼果，所以自己要「深信因果勤行善」，也要讓眾生相信「善有善報、惡有惡報」，每一個人都料理好自己的因果，不是只管法律規定有多少，要相信因果，自己做好心的主人，踏上解脫道，這時你會不逾矩，習氣不容易泛濫成災，開始自利利他。

　　修行以身教為主，身口意都是修練，都是接引眾生的標竿，這樣的修行人是可以成為社會的明燈，所以「諸惡莫作、眾善奉行」要從自身做起，落實到生活中的每一個接觸、互動的細節處。

　　每個人當下因果做好了，還要追求明心見性。

明心見性就是要修心、修性，尋回到因果緣起的根據地，才能徹底安定自己、造福他人，造福生生世世的因果，到達究竟解脫的果位。當你契入無為心，生命軌跡就自然會運行出來。

「自淨其意」就是回歸內心去反省、觀照。平常我們每個人都有習氣，要如何做到「自淨其意」？就是要「自我管理」。習氣是過去生的基因帶到了今生，所以我們用「戒、定、慧」來轉換自己達到自淨其意。

不管你是從拜佛、念佛、念咒、誦經、禪修進入，還是從三乘哪一乘的修法進入都可以，但是一定都拴在一個本來不變的東西上，讓自己習氣從自心開始慢慢消解，善業也從那裡慢慢增長。

當佛教的「諸惡莫作、眾善奉行、自淨其意」起了作用的時候，就能和諧社會、和諧世界的風

氣，就會是一個眾生和諧的大同世界，這就是儒釋道中華文化很好的胸襟氣度與願景。

出家分四等，要做人上人

培養人才重點在僧才，僧才是佛教的棟梁，一般我們把出家人分為四級。第一種人叫做修行，第二種人叫做講經說法，第三種叫做蓋寺廟，第四種叫做經懺法事功德。這四等都各有福德智慧。最不好的一種是不專務正法，只為趕經懺當賺錢營謀，晚上換下袈裟衣服，就跟個俗漢一樣，跑出去吃喝嫖賭，讓社會譏嫌，現在有得是啊！佛教界有這現象是很可悲的。在台灣是這樣，在大陸也是，所以我們可以念經、拜懺，但不要變成這樣表裡不一。

寺院就是住持正法的地方，就是戒定慧的地方，不要變成企業經營，到後來變得四不像，比如

心道法師為保護龍樹菩薩等聖者閉關的聖山，成立靈鷲山尼泊爾密勒日巴國
際禪修中心，位於加德滿都附近的桑窟。

説寺院裡用做生意的態度來經營信徒，這不是好的道場經營。在寺院裡，法師與信眾就是「師徒關係」，法師要以正法為眾生作皈依、作明燈。你現在只是收了門票，用買賣交易功德，就變成「生意關係」，這種寺院經營會腐蝕佛教；做生意雖然有了錢，但是心不用在修行上，換了衣服不幹好事，出家人像上班下班，沒有出家內涵，換下衣服就跑出去酒家茶室，做違背出家人的行為，出家在家衣服穿穿換換沒有戒律，有錢就亂搞，老婆孩子什麼都有了，僧伽染著許多不淨的東西，這個不行啊！這樣下去，佛教只會自己滅了自己，不用別人來滅你，佛教不滅亡才怪！

　　做出家人是很幸福的事情，因為我們持守戒律，為人天師表。戒律是出家人的衣服，也是出家人的鎧甲，當我們持戒嚴謹時，自己會慢慢轉換習氣煩惱，展現出清淨的行儀，讓眾生自然生信，自然而然對佛法信服，讓人們嚮往修道的清淨清爽，

讓眾生做功德福田，提升佛教。佛教要培養人才，要從提升僧伽品質開始，提升僧伽要從戒律開始嚴整，要反省僧俗互動問題，把僧格提升起來。僧格提升，等於佛教有了傳承正法的標竿，這樣社會風氣自然會帶動出好的循環。

　　和諧社會、和諧世界，要提升精神文化，提升人類的道德品質。中華儒釋道文化是偉大的精神遺產，是人類的大寶藏，華人社會不應該放棄自家寶藏，目前全球主流文化建立在以西方為主的科技物質文明的價值觀上面，都是用商業化的功利競爭來滾動循環，造成很多全球失衡亂象，最後人類的未來到底在哪裡？我們中華文化有著天人合一的智慧，不要自家寶藏丟掉，淪為西方文化的次等末流。提升世界的精神文化品質，這真是需要復興中華儒釋道文化才辦得到，這也是世界需要的和平基因。

　　出家人已經做了一個好的出家抉擇，還要更進一步抉擇做哪一等和尚？想想全球華人有多少？中國有多大？念經拜懺的佛事市場很大了，跑佛事未嘗不是好事，但是，我們出家人應該要先正視根本，應該先要守住根本，把根本鞏固好，應該要管理的要管理好，要把僧伽教育做好，才能談到其他弘法利生。

　　「僧格」沒有提升，就像日本在家和尚一樣，要養家養老婆，整個生活價值觀還是在家人的一套，廟產只是工作任務，要顧財產、要養家小，沒有那個出家戒律的本分，當然也沒有住持正法的責任與願力，不會對眾生發出無緣大慈的愛心，那佛陀留下了僧團組織來住持正法的本意就不見了，這就不是佛教三寶的做法。既然出家當和尚，當一天和尚撞一天鐘，和尚本分要做好，我們要把這些該有的僧伽戒律的基本要素把握好，把戒定慧落實到

成為出家的生命內涵。

三藏十二部都是佛陀的智慧財產

　　佛教就是一種品德教育、生活教育、生命教育，佛教讓社會和諧安定，讓人心和諧安定，有佛化的家庭，就有佛化的社會，那麼社會有善良風俗，政府只需在法律上管理好，而社會心理面上，自然有約定俗成的道德倫理，不會亂象叢生，那就是國家的幸福力、安定力。

　　除了守好戒，出家人還要禪修，禪定沒有做好，心不定，就是沒把握到修行的核心，每天急急躁躁的、匆匆忙忙的，做起事來還是一樣習氣。所以，要多禪修、多念佛，把禪修時間放進每天的時間表裡，每天都要做，才有體驗。

　　整個佛陀的三藏聖典就是「慧學」的根據。出家人就是要立志「法門無量誓願學」，這是慧的訓練。整個佛陀流傳「華嚴、法華、般若、阿含」這些三藏十二部佛經，都是帶領我們穿越生死叢林的導覽地圖，也是打開輪迴迷宮的鑰匙。這是佛陀留給我們的精神遺產，我們不要浪費掉，不要偏向哪一宗、哪一派，最好深入經藏，整個八宗都要兼容，每一部經典慢慢念，慢慢體會！這戒定慧，就是我們僧伽的訓練系統。

　　出家人要立志把三藏十宗都傳承好。「經、律、論」三藏就是我們出家人的智慧財產，「經藏」是修道之路的導覽書，讓你知道怎麼去走。誦經讀經也是一個心念的洗刷洗滌的工作，誦經讀經是讓惑業慢慢可以消除的利器；「律藏」可以調伏習氣；「論藏」是闡明佛經用的。

　　我們出家人至少要把「三乘」每一乘的特色都

要理解個全貌，才能是眾生的好老師、法的引導者。

我們不要隨便輕易就把佛的遺產浪費了、區隔了、流失了，不要一下分別淨土、密宗，禪宗，分別到後來忘了根本究竟，也忘了初發心，這樣是會誤導眾生的。宗派區隔到後來忘了教本，這是很可悲的，會造成佛教慢慢萎縮凋零，變成弱勢團體。我們要把佛法宗派，當成對治不同眾生習氣的法藥，因為戒定慧、經律論，都是佛的遺產。「法本法無法，無法法亦法；今付無法時，法法何曾法？」要這樣去看待法教，才不會引盲入盲。所以，三藏十二部要盡量面面俱到去深入，不管多麼不容易，我們就是要承擔起如來家業，出家人就是要發願繼承佛陀的智慧財產，把它發揚光大、傳承下去。

開山殿香爐。

　　如果我們自己出家人都偏執局部法教去修行，
這樣一代代流失下去，到最後會什麼都沒有了。總
之，出家為人天師，為眾生依怙，要把出家的承擔
與氣度做出來，要把握好正見，廣泛把整個佛教的
內涵，發願去學習、去實踐、去傳承才是。

這個佛陀的教育，是共僧俗的教育藍圖，但是出家人是關鍵，也是標竿，我們要從自家門內開始整理。我就這樣把這個佛陀四期教育的願景刻在鈦金屬板上，連同聖典經版，裝臟到聖山寺金佛殿地宮的般若浮屠裡。

第八願 順處時時中境逆，願

　　佛法在世間，不離世間覺。離世覓菩提，恰如求兔角。 正見名出世，邪見名世間。邪正盡打卻，菩提性宛然。

　　　　　　　　　　——《六祖壇經》〈般若品〉

　　我這一生最好的伴侶，就是〈大悲咒〉。我覺得，觀音法門是具足禪與慈悲的「生活禪」，它可以從內心的還原淨化，一直貫徹達到因緣的還原與淨化，這正相應人生佛教的理想。

　　談到生活禪，我們談到持〈大悲咒〉是怎麼演化出我這麼多生命禮物？《觀世音菩薩耳根圓通章》裡，觀世音菩薩向世尊報告自己的願力心得：「忽然超越，世出世間，十方圓明，獲二殊勝。一者、上合十方諸佛本妙覺心，與佛如來同一慈力。二者、下合十方一切六道眾生，與諸眾生同一悲

仰。」你只要能專修〈大悲咒〉三年儲蓄至少十萬遍以上，就有這種功德力，真實不虛。

要與觀音菩薩接上線，要修持〈大悲咒〉。觀音菩薩〈大悲咒〉用十種因緣來利益眾生：一、為諸眾生得安樂故。二、除一切病故。三、得壽命故。四、得富饒故。五、滅除一切惡業重罪故。六、離障難故。七、增長一切白法諸功德故。八、成就一切諸善根故。九、遠離一切諸怖畏故。十、速能滿足一切諸希求故。所以，「速令滿足諸希求，永使滅除諸罪業。」你看這〈大悲咒〉的功德有多大！

聞聲救苦、逆增上緣

我的願力，是從苦行開始逆走的。回頭看看，我沒有覺得哪一個經驗是叫苦。這是因為苦，我們

找到真理，因為真理才轉換苦，然後把這個力量轉換給別人。

　　一般人生是不是心行一如，能不能真修實證，都是遇到逆境才見真章，很多轉換突破的關鍵也在其中。遇到逆境，可以說都是大因緣的時機，能夠順利轉換，不是福德因緣，就是信願力強。但不修行，你就沒有信心，不會有這個轉換力，也沒有說服力，所做只是世間一套，分不清楚世間法，還是佛法，因為沒有出離心，只有個世間的想法、作法。修行以外，都是苦的，修行也是苦，但是修行的苦是划得來的，修行會有那個相應的「甜頭」。

　　修行的「甜頭」來自願力，諸佛菩薩都是願力成就的。有願就有力，願來自信，信是實踐來的，你愈實踐就愈信，信力愈深願力就愈大。所以修行成就與否，就是要看願力，也就是發心動機，至善

至誠一定感應觀音菩薩；若是祂要的，一切順利吉祥、諸緣和合，如不是菩薩要的，有時還會有災難。

「逆」中要百分之百的慈悲不容易，「逆」是什麼？也是一個心的感受，因為「逆」，才對修行更有信，順了反而沒感覺，觀音菩薩也是這樣用「逆」來度的，因為逆，才會想離苦，想修行來達到解脫。

一路修行，還是常常遇到逆境，愈是修到後來，逆境的考驗更是不會少，從「逆」中一關一關去降伏，解脫力就愈是增長，對修行愈是有信心，也不覺得那是「逆」。

這時候「逆」，不像過去那般的凶悍；不過如果不順著它調，那種凶悍還會再現。

對待「逆」的凶悍，要知道怎麼讓心更柔軟，

更放鬆下來，對自己不要凶，要跟它保持和諧、不對立，「逆」的力道才會軟化，逐漸放鬆開來。

對「逆」要順來，對自己也要順，讓自己變得鬆、緩、慢、柔。總之，修行時記得要放鬆，不要硬著來。

有一次閉黑關，非常危險。所以閉關不可開玩笑，所有預備儀軌都要很謹慎嚴謹，不是隨便入關，我那時因為自信，輕忽了前行準備就入關。當氣血在體內翻湧作怪，我就硬著要把氣血壓制下去，結果愈剛硬的對峙愈糟糕，直到我用般若起觀照，才轉悟出這層修行的道理。換了法門，才調順了氣血和經脈，度過那個魔考關卡。

其實，這就是對自己的「暴力」所導致的後遺症。我所說的「暴力」指的是，用內力去抗拒的那種「逆」的感覺，抗拒拉扯後，造成更大的反作用

於德國慕尼黑主持禪修。

力，結果反而讓「逆」變得更為凶悍。這裡講的逆來順往，都是一種觀照的要領。

修行的時候，如果身子變硬，感覺非常不順、不舒服，不只是抽筋，整個腦部的氣血會像中風的感覺，就要用般若的觀照力將它化掉，升起那種觀照力，是要一直放鬆、放柔軟的，只有這樣才會讓身體也鬆下來，凶悍的對峙力是沒有用的。一定不可以執著在氣血和筋路的變化上，就是要在那裡做

般若觀照的功夫，要像自我催眠那樣地一直讓自己放鬆下來。

我有深深體驗是，這些問題出在於修行者的氣，氣不足的時候，往往會藏著凶險；但氣太飽的時候，你又很難有辦法控制好它。問題在心的觀照，心愈鬆氣脈才順。修行的人應該有過這樣的感覺，整個身心都是軟綿綿的時候，像雲那樣的輕鬆，走起路來像飄在地上，沒有感覺到是在走路。

當心變得很柔軟的時候，氣血就會放開來，你一用力就不行。所以說，修行為什麼一定要放鬆，要柔軟，要放空，能夠保任這樣，總能安然度過修行的逆障。

有人問道，灌頂會不會比較快速到達成就？灌頂是一種修法的儀軌，有這個儀軌以後，就能跟那個法的主尊有較高的相應度，其實那個主尊本來也

是我們體內的一個元素。灌頂的儀式，就是藉由一種聖化的圖騰、標幟或儀式來印可你本來具足的自性壇城，給你體內原有的靈體一個交代，用修法來跟它環扣住，讓自性任持安住本有的光明。

每個法，都有一個相應的本尊。本來外面一切都是假相和虛幻，但經過修法，觀修到真相顯露，那個內在的主尊就顯現出來了，這也是止觀的生起，從止觀觀修中顯現的空性，這修行就是一直深化這個觀照，心境一如。

慈悲百分百

那麼，我主要的重點還是講禪的發生。你回到心的本來面目，這宇宙就會發生了。所以，修行就是希望把這個觀念弄對，就進入了美麗莊嚴的世界海。

　　我們的記憶儲存了一切發生，有矛盾的、有衝突的、有和平的、有戀愛的，有很多事業上的，也有很多意見合或不合的，所以生命的記憶也是一段段的發生。我們曾經有過鬥爭、戰爭的一個記憶，也有殺戮的記憶，所以我們在這個生命記憶裡面會一再相逢、會遇到。如果你還是看到現象痛苦複雜，那是你還沒有純化到恢復本來面目，還原到無為心。所以，修行最重點是對焦觀念，觀念調整對了，就是萬法唯心的華嚴世界。在這個無為心裡面，我跟萬物眾生互相環扣起來，在這個宇宙的記憶體裡，我們都是多生多劫的生命網絡，整個是一個關係網絡，把一切的眾生當作是父母、兄弟姐妹、六親眷屬，所以一切眾生通通會變成跟我有關係的，沒有一個眾生是沒關係的，這樣一來，眾生的煩惱就是你的煩惱，你的解脫就是眾生的解脫，你對眾生就會油然生起大慈大悲。慈悲心是從這裡生起來的，因為我們是共同生命體，我愛這個共同

生命體，所以我用真理去引導眾生到究竟離苦得樂。

禪就是做「還原」的工作，從還原裡認知到整體關係，產生無條件、百分百的愛，然後讓這份還原遍滿一切。

回到靈性就會安定。靈性是沒有差別、不必紛爭的空間，靈性裡面沒有貪瞋癡，沒有那種鬥爭、對立的東西，靈性是自在的、不受拘束的。什麼時候發生這個覺的體會，什麼時候就發生那個連結發現，這個是一個時間性問題，沒有一定的。我們整個生命不是單一的記憶體，一個人裡面就具足全宇宙的記憶體，所以你什麼時間跟這種真理相會？看你何時發願、蒙佛授記！

在慈悲裡，沒有對立的關係，即使過程中有看似對立的呈現，度眾生時有很多息增懷誅的利生方法，也是慈悲的圓滿。當我們證悟到涅槃時，就是

一直去貫徹這份慈悲而已，用般若空性去溶解一切緣起，消融一切記憶體中的對立，直到慈悲遍滿一切，這就是大悲周遍的化身。在《本生經》裡記載，佛陀做了傷害人命的事，但即使原因是為慈悲，果報還是有的。

反省到現在，如果我覺得還有不圓滿的，人事問題是一個，我有時難免遺憾，對立的東西還是會出現。菩薩道就是要做到百分百的慈悲，如果有不圓滿，你一點都不能給自己找理由，要反省是不是過去還會有點小私心？還有什麼虧欠？慈悲不足的？慈悲對佛陀來說，就是一個累世累劫的慣性，我們的記憶體不是只有一生一世，是多生多劫串聯流動的記憶體，如果慈悲沒有百分百，不可能成佛的。如果做得不夠好，要常從這個慈悲心去反省、去貫徹，再去圓滿那份慈悲，一直到遍滿。

在逆境，還能擁有百分百的愛心，是不簡單

的。有人問，「我們怎麼可以對一個不喜歡的人，或一個仇人，做到百分百的愛呢？這有可能嗎？」「人在逆境中怎麼能夠快樂？」我說：「一定可能。」其實，這也是一個時間或機緣的問題，可能是你們彼此因緣不對，還沒有相應，還沒有銜接上，如果緣到了，你就是會去「轉換」，但是，你對眾生那份徹底的慈悲與愛心是沒有變的，你能說，觀音菩薩的愛是百分之幾，佛陀的愛是百分之幾，是這樣的嗎？所以分數是不能打的，也不用打的。

順逆都是無所緣空性

我與佛法的緣，是從「逆緣」開始的。我從小戰爭當兵、出家苦行，都是「逆勢」的人生道路。

我的意志力來自我信觀音，這個信心，就沒有

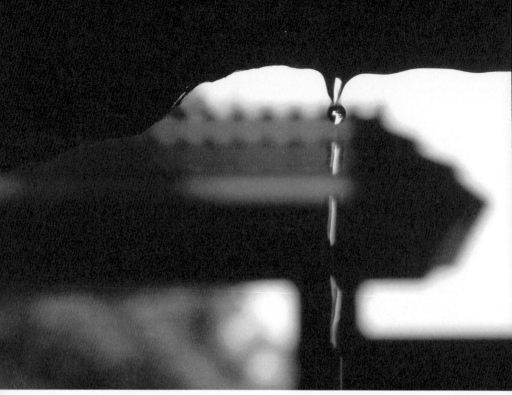

祖師殿岩壁水滴。

動搖過。我信觀音，我也感恩釋迦佛。我以前看到
釋迦佛，會感動到哭了，因為釋迦佛，我們才有好
的佛法流傳下來，讓我們可以修習到解脫，這是生
生世世都要走的路。

　　我有一座玉觀音像，從住靈骨塔時，用四千元
跟超凡法師請的，就一直跟到靈鷲山。這個觀音造
型少見，不僅手印是翻轉向後，祂戴的五方佛帽是

法帽，呈現的是降魔站立尊的武相。祂很靈。我在山上斷食快沒命時，那個玉觀音就會「出來」看我，祂就在我夢中飄啊飄的，飄過來看我。這算不算得上是一種感應？

　　這尊觀音還有另一個故事，或許也可提一下。從一九九九年起，信徒供養玉觀音一件純金打造刻有〈大悲咒〉的金縷衣，他希望供養後福氣一直長長久久。供養者後來做了不好的事來毀謗三寶、破和合僧，徒弟每每要把金衣取下，「師父，快把金衣剝掉吧！那人不正啊！」但我卻覺得，他供養金衣時是純淨的發心，此因此果、彼因彼果，因果不相違背的，怎麼知道會不會因為供養這件金衣的緣起，他未來如何轉換這份逆呢？因緣自然會來，來來去去的，什麼人在什麼時間出現，這都是一定的。雖然在面對逆境上，放棄的人會比較多，但如果可以堅持，逆增上緣讓人比較有感覺，使人更堅

信。我們當老師的就是一份責任而已,永遠是老師的一份心,其他就是因緣,順其自然。

這讓我想起,以前前山拱南宮的主任委員說他做過一個夢,夢見從海上來了一個和尚,穿的就是我現在常穿的紅袈裟,是小乘羅漢裝扮,從海面這樣飛過來,跟他爭一個粿,然後看到,這整座山都是穿黑海青,四眾都有,還有很多比丘尼,還看到這座山會變成萬教合一的地方,各宗教都會到這裡來。

佛光山也是一塊諸佛菩薩護佑順緣的福地,我在山上讀書時,跟同學晚上睡在大悲殿上面,我就聽過夜間殿上傳來鐘聲、鼓聲和打板聲。還有,我們也看見山邊放出大坨的光,後來就在那裡蓋了阿彌陀佛的像。所以佛光山在教育弘法各方面,都做得非常的廣大成功。

打個比方,感覺上佛光山的緣起是順緣的,像

極樂世界、阿彌陀佛的世界。靈鷲山的緣起是逆吉祥，是娑婆世界，是釋迦佛的世界，就是一個苦行為主的道場。

除障與增福是不一樣的法。增福是增益、增長善法，除障是減除，是要去轉換的，就是透過地水火風來轉換障礙。所以，我的一生有很多逆轉、逆吉祥、逆增上緣，也可以說，很多時候都是在做「轉換」的工作。

早年苦行，就是一個人的苦行，就是勞其筋骨、餓其體膚，我們籌設世界宗教博物館，也是一段苦行，是我帶領一群人的苦行，就是這樣走過了那段風風雨雨。

宗博籌備是逆向操作。就連現在大家上靈鷲山的路，也是逆向操作的。開山的時候沒有路，後來開了後山的一條產業道路，才能走車上山，不用走登山石階，索性就把山門前後乾坤大挪移，這個也

是「逆」的。

　　現實因緣中有順、有逆。遇有逆緣時，佛就說要降魔、要除障，所以，佛法有除障的法，菩薩也有除障的觀音；在佛法中代表除障的是黑色，憤怒尊多是黑色的，所以像山上的多羅觀音是黑臉的。早期，來的緣有很多都是生活很苦、很病痛的人，他們來找我求除障，相信我可以為他們轉換，也有不少所謂三惡業重的人，都是很難調伏、習氣剛強的，有的像「精怪」一樣的。他們來求我，都是希望得以轉換他們的命，遠離羅剎之道。

　　每一種緣的呈現，又都具足順逆兩個面向，沒有絕對順，也沒有絕對逆，都是在平衡中去轉換，最主要的考驗就是你愛心慈悲的圓滿度、細膩度。慈悲是要做到百分百無私的愛心，不要讓自己有「愛心不夠」的感覺和退轉的遺憾，你對眾生的慈悲沒有到那個百分百的細膩度，他是不會被感動到

2013 年星雲大師 87 壽誕傳法予心道法師，受法法名心道智達。

信服的。所以，我們修行一言以蔽之，就是徹底做轉換的工作，順也是轉換，逆也是轉換，順逆都不能執著；如果執著，順也是障礙，逆也是障礙。

八吉祥的法螺表示弘法十方，海螺有右旋的，也有左旋的，左旋的稀有，是用來做供佛法器最好的一種，我的一個寧瑪法名巴吉多傑「吉祥金剛」，意思是除障的，緬甸法名烏郭達剌也是除障的意思，我的心咒「嗡阿吽・心道・菩提・悉地・吽呸梭哈」也是除障的，意思是「身口意清淨，覺悟心之道，一切除障成就」。

年輕時，我在自己手上剌了一個「卍」字，很多人都很好奇，會問「卍」字的左旋和右旋有什麼樣的差別？其實，這是屬於說法的兩種相，由左到右為「右旋」，觀想的咒輪由左到右旋，這是「文」的，也就是寂靜的法，是順緣的；從右到左旋是「武」的，是忿怒的法，是逆增上緣。在密宗

裡，稱為文武壇城、文武百尊。

　　緣有順逆，就如內心有善、惡兩面，兩種都具足無生的本質，你要能夠去做「還原」的工夫，變成「無我」，「無我」就是「還原」。如果還是覺得「那是你的……」，心生執著、占有，那就不是「無我」，就會變成你的輪迴法了。

　　文武百尊都在我們身上，文武本來也都是佛的本質，佛的本質跟我們的關係是一體兩面，本質並沒有衝突。密宗在修習這個「還原」的動作，禪宗也是「還原」。禪的還原是「切除」，就是「斷」，意思是，在本源裡本來無生，又何處惹塵埃呢？密宗的「還原」方法，是你要去認取一切的本質，認同它的無生，還原它的本來。「還原」了就不是「你」，所以，什麼東西是「你」呢？根本沒有「你」。

第九願 宗教作和平橋梁，願

止，舍利弗，不須復說。所以者何。佛所成就第一稀有難解之法，唯佛與佛、乃能究盡諸法實相。所謂諸法、如是相，如是性，如是體，如是力，如是作，如是因，如是緣，如是果，如是報，如是本末究竟等。

———《妙法蓮華經》

這娑婆世界是釋迦佛的教化區，是五濁惡世，也是以逆境作苦行的報土。

二戰後帶來全球化浪潮

我們看到二次大戰的苦，戰後的世界是不是美麗新世界？在二次大戰後，雖然和平到來，但似乎戰爭形式在變，人類的共業圈在變，地球環境也在

變，很多衝突基因滲透到各種政治、企業、媒體、科技、娛樂之中，變成極其競爭，等於虛耗。

看起來，戰後最大的趨勢是全球化。全球化帶來很大的商業繁榮與科技進步，還有交通便利、媒體資訊發達，全球化讓世界緊密聯繫起來，但這些好像沒有改善地球環境，反而加速擴大一些惡性循環的問題，除了金融海嘯、生態浩劫、恐怖攻擊，還有核武導彈威脅、第三世界的開放與衝擊。

我們現在還看到企業拚競爭、貪利潤，做出昧著良心的缺德事，爆發很多食品安全、環境汙染的事情；政治領導人為了維持尊嚴、保護利益不被欺負，以牙還牙、報復敵人，甚至發展超級核武，用憤恨來解決爭端；還有媒體氾濫或資訊壟斷，散播各種貪瞋癡的毒素亂象，製造人心不安，愈來愈多犯罪及自殺憂鬱的文明病。

巴米揚大佛毀於一千五百年後

二〇〇一年三月阿富汗發生巴米揚大佛被毀事件。好像有某種挑釁仇恨，正透過媒體宣戰。怎麼會有這種宗教仇恨？我想去阿富汗，那邊的文化部部長答應說，要安排直昇機載我到大佛被毀壞的現場去看。但是飛機要經過巴基斯坦，後來因為安全考量，還是沒有成行。

同年宗博開館，我們發起「聖蹟保護委員會」。我募到一筆錢，大概一百萬港幣，要捐給阿富汗。我想恢復古蹟，或部份作為急難救助，因為聽說大佛那裡很多人連飯都沒得吃。有人就問：「既然他們很窮，為何還要去蓋大佛？」我說：「修復大佛是為了重建宗教間的信心，還有要重建的是人民的心靈。」

阿富汗文化部長一直強調說，那一班神學士不

曉得是從哪個地方冒出來的外地人？大佛一千五百年來都好好的，沒有被毀壞，怎麼突然就被毀壞掉？他們也納悶這些先進昂貴的武器是從哪裡來？阿富汗是很窮的國家，怎麼有錢去買那種大炮去毀壞佛像？所以，他們都覺得這是有陰謀的。文化部長甚至跟我們分享，他曾經問當地的人說：「如果我們有一筆錢可以蓋七座大橋，或是可以重建這個佛像，你們要哪一個？」當地人說他們要蓋佛像。因為佛像已經是他們世世代代的記憶。

實際上，經過那一年的恐怖事件，還有媒體衝擊，回教徒受到很大誤解，大家都把他們想成是暴力的宗教，還說他們排斥其他宗教的存在。但是如果回教徒真不容許大佛存在，祂怎麼會還在那裡一千五百年？祂應該早就被毀了啊！這個是最簡單的道理。而且從蘇聯入侵阿富汗，一直到撤退，然後到內戰這樣一直打了二十三年了！他們說，內戰

都沒有人會去破壞佛像，怎麼會突然之間、一夕之間出現了一個極端的政權？不曉得是從哪裡冒出來的，他們甚至覺得那不是阿富汗人所為。

他們心裡覺得這根本是惡意破壞，要讓回教徒背黑鍋。真正的回教是和平的，也包容其他宗教存在，《可蘭經》裡說，所有其他的宗教，都是阿拉智慧的顯現。所以，他們不會去主動攻擊，如果有人攻擊，可以正當防衛。但主動攻擊別人，是違反教義，是要下地獄的。

千禧年是個全新的座標，宗教，在那一年突然變成世界矚目的問題。大家透過資訊媒體，告別二十世紀的辛苦，第一次全人類共同經驗到、感受到千禧年這個跨年意識。跨進二十一世紀的年後，不只發生了阿富汗毀佛事件，還有發生驚人的九一一事件，以令人難以置信的方式呈現。

到底戰爭是怎麼一回事？如果我們沒有智慧去看清楚它的共業圈，它的共業結構，大概只有被這些巨大的共業無情地席捲掉、吞噬掉，一點渣也不留。

從九一一到一一九的反思

二○○一年九一一事件發生，太令人震撼了，地點距離當時靈鷲山紐約講堂 One Center 不到一英里，走路大概只要五分鐘。

我在九月二十三日來到了紐約。我從 One Center 走到事件現場，感受到沿路都還是緊張的氣氛，華爾街冷冷清清的，大家行色匆匆，沒有笑容，災難現場已被封鎖，高牆圍立，旁邊大樓牆面也被波及，都是焦黑塌落，有如被轟炸的戰區。對街有一座教堂，這座聖保羅教堂已經變成九一一救

靈鷲山紐約中心壇城。

難中心，教堂墓園的參天高樹都焦枯了，墓碑也被燻黑了，四周圍欄掛滿世界各地來的悼念彩帶、紀念物、花圈、燭台、卡片、海報。

我一直繞著教堂走，沉思祈禱。教堂裡的修女看到了我，特別走出來打開柵欄，引我們進去。當走進教堂裡，看到到處是救難的工具，教堂椅子上躺著疲憊不堪的救難人員，修女們忙進忙出，大家

克難擠在一起度過最困難的搶救時間。這裡氣氛像戒嚴一樣，等於是禁區。引我進入的修女說，事情發生到現在是首次開放讓外人進入，而且竟是一位法師。

我站在聖壇面前，看著耶穌的十字聖像禱告，我在心裡默默念著〈大悲咒〉。回顧這場世紀浩劫以來這十幾天的一切，還有透過媒體在世人心裡丟下的震撼彈，無論法師、修女、神父和一切受難者家屬，已經沒有人區分這是誰的苦難，這是一場全世界的苦難與煎熬，仇恨已不再有意義，我們心中只有一個聲音：不要再發生了。

半年後，二〇〇二年三月十一日我再度回到紐約，恰好是九一一半周年忌日，除了參加當地政府舉辦的跨宗教追思會外，我下午在紐約市區的 Open Center 還有一場「如何透過禪修化解衝突」的演講會談。Open Center 工作人員幫忙發了

海報，試著邀約了災難創傷的人，現場來了二、三十位，有些是罹難者家屬。演講時，我卻感受到自己是罹難者親屬一樣，我說：「我們很多朋友親人，消失在紐約世界貿易中心，這個沉重的記憶每天都在媒體上反覆累積，大家陷入痛苦的漩渦中。到底如何走出這個空前的創傷，我們今天要一起來探討！」現場不斷聽到啜泣聲，有一個家屬問我怎麼放下這樣的仇恨？我說九一一讓我們反省：到底是什麼仇恨引發殺機？到底如何避免發生更多九一一？人類如何停止自相殘殺，相依相存、共存共榮？

我跟他們說：「人們處理問題有兩種態度，分別會導致兩個截然不同的世界。一種是消極的，這種思考是傾斜的、單向的、偏激憤世的，甚至會導致一再的傷害，只是發洩負面情緒達到假相平衡；另一種是積極的，用禪的正確觀念來實踐，奉行純

善而沒有缺漏的生命，這是符合真理的生命！」

　　佛教講因果輪迴的道理，因果是心念的造作，以仇報仇、以怨報怨，只會加深仇怨程度，用傷害不可能中止傷害，用戰爭不可能帶來和平。心念像種子一樣不斷傳播、複製、重生，只有轉化心念，才有可能轉化生活世界。

　　我繼續說道：「有了正確觀念，我們現在還要練習『寂靜修』，學習用『寂靜』放下仇恨、治療悲傷、解除痛苦，這是進一步的方法。『寂靜』是讓心沒有正、負面，沒有相對的東西，而是完整的靈性，除卻變化性，再來看變化性，是變化在變化，你還是不變的，靈性是獨一無二的。」

　　我舉了兩個和平與非暴力典範。一個是佛陀的故事，二千五百年前佛教教主釋迦牟尼，為了阻止釋迦族被滅族，帶領弟子靜坐在敵軍必經之路，他

想阻止這場屠城，敵軍將領因為對佛陀的尊敬，前後三進三退，雖然最後釋迦族還是被滅了，但是佛陀的和平精神，讓這段生生世世的仇恨告一段落，並且為世界樹立最好的典範，佛教的寬容慈悲因此廣布全世界；另一個實例在近代印度，甘地聖雄發起「不抵抗」運動，成功爭取印度建立真正的民主與獨立，這兩個轉化仇恨的偉大故事，對人性的提升，具有無比深遠的啓發性。

我真心的祈禱。散場前，他們有的帶著笑容上前來，要求跟我擁抱及合影。這是非常難忘的一年。

這一年，九一一是震驚的，年底一一九則是宗博正式在台北永和誕生了。我們沒有預期這樣的巧合，也沒有去多想這一年發生這兩件事，到底有什麼意義與啓示？

主法圓滿施食法會及觀音薈供。

大家可能不太注意九一一事件後，因為這件事讓全球各地日常生活也都受到波及影響，不只股票下跌、石油跟物價上漲，更多是無形蔓延的效應。因為全球化的牽動，一個地區性的大事就牽動到整體的變化，還有很多有形無形在擴散的影響，讓我們思考到要面對這樣的時代，要有大心量、大慈悲、大智慧，才能承擔弘法的使命。

宗教對談的故事

每一次我在辦跨宗教或跨界對談，比如「回佛對談」系列，都會聽到很多心聲。我們愈親自去接觸、去聆聽時，發現很多不同於媒體報導的心聲。

還有一次，二○○二年五月馬來西亞的回佛對談，我們尊敬的大長老達摩難達長老住院了，本來不能來，沒想到會議開始前，他還是抱病前來

了。穿橘色的、戴著大大的眼鏡、胖胖的、很高，八十幾歲的長老跟觀眾講說：「醫生告訴我不可以走路、不可以說話。但是今天，無論如何我一定要來，至少做一個精神上的鼓勵，所以我來了！」他說：「什麼叫做宗教交流？」

他小時候在斯里蘭卡，十幾歲就出家。他們寺院旁邊，住的小朋友都是回教徒，在小朋友的眼光裡，根本就沒有分別什麼你是佛教徒、我是回教徒，沒有這樣的區隔。在那個時代，他們回教徒要剃頭，很多窮人到了要剃頭的時候，沒有錢剃頭，就會跑到寺院裡面來跟和尚借剃頭刀，因為和尚一定有剃頭刀。他說：「什麼是宗教交流？這個就叫宗教交流。」他講得很有意思，全場大笑。

他完全支持我，還跟我說：「你很好，你替佛教界的出家和尚設立了一個榜樣、建立了一個榜樣。」

　　博物館籌備期間，我們曾受到各宗教的支持。教宗送給博物館一紙祝福狀，泰國僧皇也轉贈一尊泰皇祝壽的金佛，回盟也送來一批珍貴的文物作為館藏。各宗教幾乎都給我們最高的祝福，他們也樂於分享和提供意見，但是我們真正的館藏是有很多跨宗教友誼的故事，這是博物館最大的資產。

　　記得有一次，我們展示一本錫克教《聖典》，放在醒目的位置讓大家了解，但是來訪的錫克教徒認為，見《聖典》如同見到他們的聖人，將《聖典》放在玻璃櫃展示是不恰當的，所以就跟我們交涉，要把這份《聖典》請回去。我們也慨然把《聖典》還給了他們。事後，印度錫克教領袖特別來函邀請我們去拍攝黃金廟，並送我們第一代古儒上師所用的琴。據說他們的黃金廟是不開放異教徒進入的。

　　從這些年的體驗過程中，我發現宗教交流剛開

始的時候，大家都會有心防芥蒂，最困難的永遠是如何實際踏出第一步。有了主動跨出的第一步，那麼一切籌備對談、參訪拜會才會是真實的管道、平台。你只要真心願意，主動伸手，一個微笑、一個合掌，就會變成朋友了。

還是回到二〇〇一年三月巴米揚大佛被毀的那時候，差不多十天後，發生一件非常有意思的事情，就是回教聯盟特地致贈一批珍貴的文物給宗教博物館收藏。這是宗博開館前半年的事。

我跟回盟結緣大概是在一九九九年，南非開普敦的宗教大會上。

當時他們關注我的宗博館計畫，所以開館前，他們想辦法主動跟我們聯絡，要求親自來了解宗博計畫。他們要知道我們是怎麼介紹回教的。可是，那時候宗博還沒有開館啊，展區空蕩蕩的，他們就

問了很多關於展區的問題，要知道展覽，還要確認內容、文案等等，想到的都問了，我們覺得有的要求很難，他們還要求看收藏品，我們就帶他們去文物倉庫看看。對方就翻出來一件一件看，然後有時搖頭，說這個不行，那個還不夠好，我們就跟他請求說是不是可以得回盟獲贈幾件收藏品？結果他們真的親自帶來三大箱二十幾件的珍貴文物給我們典藏，還為我們帶來一件聖地麥加天房的金絲布幔，目前全世界非回教團體只有我們獲得這個殊榮，即使台灣清真寺也沒有這種布幔，在東南亞一帶則是最大的一件。

回教聯盟是目前全球最大的回教國組織，大約有四十個回教會員國組成。這個友誼關係非常信實、持久。二〇〇八年，他們又邀約我去西班牙馬德里皇宮開跨宗教會議。二〇一一年五月，回盟秘書長涂奇博士來台北舉辦一場對話，特地專程參觀宗博館。這兩次會議，我都是唯一受邀的佛教領袖

代表，也受到顯著的尊敬、禮遇。

從心的相對性到絕對性

我要說的是，這個世界是重重無盡的記憶網絡，宗教可以串聯這個無盡的記憶網絡，透過宗教可以把和平的基因串聯到生生世世的生命網絡。

心有相對性與絕對性；相對性時是差異分別的，絕對性回歸於真理、一體無為。我們沒有入到真理的時候，心都是一個相對性、演變成差異對立關係，現在我們的心不能寧靜，是因為我們的心，陷到很多的相對裡，太多消化不良的想法，造成我們的存在也是種種分別、差異、區隔，所以會產生種種人事物的相對關係，相對到後來，彼此區隔、彼此障礙，彼此互動不良就變成對立關係，對立關係呈現在精神與物質的互動裡。所以，我們這個世

靈鷲山多羅觀音道場，延續南海菩陀山的地脈地氣。

界就是一直不和諧、不和平，精神與物質不和諧、
自然與科技不和諧、傳統與現代不和諧，人跟人、
你跟我、我跟他，這一切世間都會發生對立關係。

　　宗教的本質，主要都在把現象心的相對性，帶
入到真理的絕對性，但也因為宗教有責任傳播真理
的絕對性，常常展現優越感的習氣，所以如果可以
促進宗教常常聯絡，常常可以對談，互相聆聽，互

相理解，大家都謙卑起來了，所以那個優越感就不是問題，因為真理的本質已經存在那裡了。所以，為什麼我們宗教要彼此聆聽、對談，主要是我們一起可以面對現象世界的問題，共同找出解決之道，只要宗教互相打開連結的通道，生命世界的網絡就串連，我們要找到世界和平的出口，找到真理，本來就沒有問題。

當我們要找回這個世界的和諧，首先要找回和諧的心，找回和諧的心才是我們永恆的家鄉、永恆的天堂、永恆的佛國，靈性不是區隔的，是從這個角度進來的。宇宙的真理，本來是同一個的，我們跟上帝之間的鑰匙在我們的心。

找回心的和諧就是禪，所以，禪是進入上帝、天堂唯一的路。祈禱是心跟上帝的一個橋梁，跟禪修一樣，都是用虔誠、寧靜、無私去讓心回歸，讓心回歸那個「一即一切、一切即一」的本源處，也

就是「十方圓明、法界一心」。所以，學禪是可以很直接地進入真理的核心，因為禪不是宗教，禪是超越分別、圓融一味的，跟任何信仰都沒有衝突，藉著禪修，對自己的宗教信仰，更能夠去深入的體會。也就是說，禪，幫助你找到心的絕對性，幫助你回到真理，你對信仰更能夠提升。禪只是一個讓你更清楚你自己的生活，所以禪應該是宗教的好幫手。

神父禪師的故事

講到這裡，我要分享一個神父禪修的故事。有一個修士會的法國神父被派到韓國傳教，他到了韓國之後，想要去教化當地人，但這時候，他覺得應該要先去了解當地文化，這樣他才能去改變他們的信仰，所以他就跑到寺院去學禪修、打坐，結果這樣一坐，坐了十幾年。十幾年之後，他發現自己想

要當和尚，當時他心中有很大的掙扎，因為他本來是天主教的神父，而且曾經對上帝有所承諾，所以他覺得他背叛了自己的信仰，一個背叛自己信仰的人，去接受另一個信仰，就算是真理的背叛者，因此，他覺得自己有罪，他非常痛苦，每天就是在佛和上帝之間掙扎。

後來他來台灣，聽人家說靈鷲山很美，並不是要來看我，所以就被帶到山上散散心，大家都不知道他的心結，只是帶他來參訪而已。後來他遇到我，要離開前，他很真心跟我分享他內在的痛苦，講出來之後，鬆了一口氣。我就跟他說：「當我們看到真理之後，唯一要做的只有一件事，就是愛世人。」

那個神父聽了以後，當下就放下了，他忽然覺得當神父或是當和尚都是一樣的。他是一個身高一百九十公分的人，當時他非常的高興，高興得把

我抱起來、又放下，然後，我也把他抱起來，哇！我只有一百七十公分。我們達到共識了。

找到真理以後，就是一直做慈悲的事。

我們宗教都是慈悲的，慈悲愛一切的人。我們不是只愛人，要愛生命，要愛一切。一切生命我們都去愛它，這個是宗教共同的使命，如果不是共同的話，就不是宗教了。所以說宗教應該團結起來，共同守護這些受苦的生命，讓他們在靈性裡得到平反，得到永遠依靠、安定和諧，不要再去找衝突。

宗教可以對話，真的是很棒的事，充滿愛的故事，很多和平的基因，還有就是不斷提醒我們自己要不忘初衷。真理的初衷，就是「愛與和平」。

我們用宗博來分享彼此，做最好的合作。

我們的初衷，就是為了讓各宗教可以有開放包容的互動平台，一同來消弭世界的苦難，造福世界

的平安。我們也不忘這麼多年走過的辛酸苦辣。實在說，當初很艱難，開館前很多人勸我：「蓋好，最好馬上捐出去，不然會很辛苦！」

我就是一直支持著、不敢放手，因為這個博物館是不賺錢的，大家說我會賠死了，可是我不管怎麼樣就是一直堅持下去，因為我們都堅持這個理想，宗博代表一個理想的可能性。

一直要支持這樣一個博物館，希望讓我們宗教都能夠保有這份初衷，如果說捐出去其他地方，也不曉得命運會怎麼樣？是不是還是秉持這份公平、公正、公義的熱誠？

我想既然我們可以蓋出這個博物館，就有責任讓她保持下去，不要一味的商業化，做生意到最後連創館的意義都不見了。還好我們宗博有一群護持的佛教徒，也都很堅持保護這份品質，大家都在努力護持。

用禪，釀造和平的 DNA **第十願**

　　善男子！汝應善巧守護心城，謂不貪一切生死境界；應莊嚴心城，謂觀察趣求如來十力；應淨治心城，謂畢竟遠離慳嫉諂誑；應清涼心城，謂思惟一切諸法實性；應增長心城，謂以大精進成辦一切助道之法；應嚴飾心城，謂建立一切禪定解脫自在宮殿；應照耀心城，謂普入一切如來道場，聽受般若波羅蜜法；應增益心城，謂普能出生一切如來諸方便海；應堅固心城，謂勤修習增長普賢清淨行願；應防護心城，謂常能禦捍煩惱惡友一切魔軍；應廓徹心城，謂開引諸佛普智光明；應善補心城，謂受持諸佛甘露法雨；應扶助心城，謂深信一切佛功德海；應廣大心城，謂大慈遍及一切世間；應普覆心城，謂集眾善法以覆其上；應寬博心城，謂大悲哀愍一切眾生；應開闢心城，謂悉捨所有，隨應給施一切眾生；應密護心城，謂防諸生死惡欲境界，不令得入；應嚴肅心城，謂斷除一切諸不善法，流轉根本；應決定心城，謂集一切智助道之

法，無退轉；應安立心城，謂正念三世一切如來圓滿境界；應瑩徹心城，謂明解一切如來法輪，修多羅中所有法門；應部分心城，謂普能曉示一切眾生，皆令得見薩婆若道；應住持心城，謂普攝一切三世如來諸大願海；應令心城富實，謂積集一切周遍法界大福智聚；應令心城明了，謂普知眾生諸根樂欲煩惱等法；應令心城自在，謂普攝一切十方法界；應令心城清淨，謂正念一切諸佛如來；應知心城自性，謂知一切法皆無有性；應知心城如幻，謂以一切智了諸法性。

——《大方廣佛華嚴經》
〈入不思議解脫境界普賢行願品〉卷三十

這個世界實在有許多隱顯不一、衝突不安的地雷區，簡直沒完沒了。我們地球要往哪個方向發

展？現代人有多少人要和平？或者你應該問：有誰喜歡受苦受難？

還有人類教育何去何從？你自己沒有和平的心，沒有世界和平的觀念，沒有地球永續的觀念來作教育，那我們只能是坐吃山空，眼睜睜看著地球資源一直被消耗殆盡，任由生態一直瓦解崩潰，直到萬物都難以維生。

宗教共生共榮，醞釀和平基因

戰爭與和平，都是人類記憶的基因，這些記憶遍滿虛空，應緣而生，你挑起和平的念頭就會和平，你挑起仇恨就是衝突，所以我們要發願離苦，要發願去解碼三毒五毒煩惱，解碼戰爭的心因，轉換成和平，尤其已經有二次大戰的痛苦，我們都看到戰爭的恐怖和後遺症。

人心價值混亂，器世間也會不安，一切現象都是環扣在一起的因果鏈，這就是別業與共業的迴圈，這些迴圈不停遞變，根源都是心。心會顯現出兩種動態流向，如果你放任五毒的心去流轉是一種，如果你用良知正念去運轉是一種，這兩種流轉分別會產生兩種完全不同的世界，一種是六道輪迴的業循環，一種是增上的四聖道。

受到生死交煎的人，當他天天在水深火熱中，他知道那個苦，所以他要離苦，要和平，我們要從人的共同經驗來找答案。所以，人的生命是要和諧的。戰爭衝突暴力都有原因，不管怎麼說都是三毒引起的，你要有一個願力來解碼彼此。

宗教都是為創造和平基因而存在，宗教也是共生共存的，各有各的願力世界。比如佛教的存在有佛教的基因，基督教的存在有基督教的基因，每一個宗教都有與它相應的願力，也有它的教化作用、

教化區，教化它的文化族群，來讓世界更和平，所以娑婆世界的教化是多元、開放、和諧、共存的。人類發明宗教，不是為了讚美上帝的偉大，實在是眾生不知道「聖」在哪裡？為了讓眾生學習上帝的「聖」，才讚美上帝，學習上帝能夠真正為人服務。哪一個宗教不是這樣從關懷慈愛，來呈現神聖的，而不是說你用什麼名義，打來打去的戰爭就叫做聖戰，發動戰爭只有仇恨與恐懼，沒有神聖。

有形的世界中，萬物都是相互依賴的關係，每一個存在都是必需品，都有它必然的意義，都有共生的關係，唯有靈性是獨立存在的，每一個存在的靈性是個別的，又是統一的，共同存在一個空間，這就是生命共同體。我們要有願力，不要創造地獄惡道，要創造佛國淨土，所謂佛國都是一種相依相存、共生的理念。

我覺得真正的和平定義就是「離苦得樂」。

2001 年 9 月於紐約九一一事件現場。

「離苦得樂」要走上正覺之路，要遠離錯知錯覺。只有正覺，可以創造真正的和平基因，創造沒有後遺症的和平大同。

佛陀的教育是圓滿的教育，也是一套和平的教育，所以我發願以出家人的身分來實踐和平，貫徹佛陀的教育。實踐和平要有人才，人才要靠培養。

我到印度那爛陀遺址朝禮時，這裡曾經是印度歷史上最大的寺院，哺育過很多修證一流的高僧。最鼎盛時，高僧長老雲集，師資逾千，僧徒超過萬人，吸引很多全世界的一流留學僧，包括中國、日本、朝鮮等地。那爛陀的教育是多元和諧的，是可以包容各種傳承、各種時代思潮，具有一個文化演變的大格局。

我覺得在當代要有一個如古代那爛陀那樣的大平台來延續，我想到可以有一個大因緣的地方讓大家學習正覺之道、和平之道。

從一個人走出來

我們宗教師一生就為了教化。教化的目的是為了幫助別人找尋到人生的意義，為人類找到真理的方向，看起來都是很宏遠的目標，但是根本上就只是一個心的淨化作用。

談到教化，我一個人到今天如何結了這麼多緣？這裡面就是不斷的分享與引導。我到底是怎麼發願，怎麼從一個人開始走，走到現在的善願？

早年，我是一個人獨修，通過自己的苦行來鍛鍊，這是一個階段。最早的徒弟是靈骨塔時期，但那時候只有一個人。

從收弟子以來，總是先結緣，先做連結，等待他們的求問，等待他們跟你結上了緣，等待他們打開一個窗口讓你看到他的生命，然後為他們播種，給他們轉換基因，那麼，當他真的有心修行，會再

來主動跟我環扣，我就會一直的拉拔、一直灌溉，灌溉到他們能夠成長，茁壯，然後一起收成。

我在寂光寺時，有幾位在家眾跟著我學打坐，主要還有宜蘭三個老婆婆，她們就是我的「基本盤」。我整天打坐，她們就會張羅一切。我就是教她們打坐，還有教念〈大悲咒〉。

我那時候很嚴肅，也很嚴格，主要一直在閉關，沒有談笑風生的機緣。就是因為教她們打坐，她們就只管打坐，我也沒有一般生活起居的關照或人際互動，有時她們會變成心量狹小，成天較量功夫，愈修愈不能容下他人，有新的人緣來，她們會區隔、排斥，不讓人家來多靠近我學習。那時我開始有出家徒弟，我的第一個出家徒弟，就是法性，法性人緣廣，第二個是男眾徒弟叫寂光，她們也會排斥這兩個年輕的出家人。當然，她們的禪修功夫都算是紮實、厲害了。

但怎麼看這個事情呢？她們三人就是我最早期的護持者，她們像侍者會做菜、做飯、洗衣，所有這些生活事情就由她們包辦，她們的家屬也成為我最早期的信眾。剛開始我叫法性去煮飯，她煮了半天，就哭了半天，因為她不曉得怎麼煮。我就說，好啦，你不會煮飯那我來煮，後來就變成那三個老太婆代勞。法性因為第一個出家，就變成了她們的大師兄。後來，三個老婆婆走掉兩個，只有道明出家，剩下她跟法性兩個跟著我跑，從頭城到礁溪，從龍潭湖到靈鷲山，跟著我一直搬家。

　　那時，我也只顧著自己的修行，就不太管她們那麼多閒事。但我想這樣下去不行。

　　那三個老婆婆的故事很有趣，讓我看到修行道場要健全，要有的基本盤護持，就是經濟資糧之外，還要有一個平衡的心量，就是要把修行跟生活結合起來，所以埋下我「生活禪」的理念，我覺得

這大乘的「回小向大」，實在非常重要。這個心量跟緣起是互為表裡的，要有什麼呈現？就要有那樣的心量與體悟！

我開始弘法剛好遇到台灣經濟起飛，台灣的基礎教育是很好的，二十年前隨著經濟繁榮，社會風氣也很多元而開放，學佛風氣興盛，三乘都有，所以那個時代大學生很多發心來出家，素質好，他們腦筋都很活，專業學養高，驕慢心也重。我就想可以從生活裡來達到修行弘法兼具的一種啟發教育，還有可以開始做一些社教活動來帶動社會，不只閉關才是修行，這樣修到後來會封閉起來，器量反而打不開。

回小向大的僧信利生循環

我從法華洞出關後，開始明顯要面對社會的各

種應對，要張羅道場內外，就改變了生活的步調和教育的方式，那時弟子的因緣也打開了。所以，我就想除了基本固定禪修閉關，要回到佛陀的教育最穩當，佛陀就是我們的精神導師，也是世出世間的典範，如果有一個佛陀四期教育做精神綱架，收攝落實到生活，生活即福田，工作即修行。

這一群大大小小的弟子，經過這麼久以來的訓練，都差不多有不錯的體驗成績，可以承擔事情，可以弘法利生。我會依照他們的根器和因緣來栽培，禪修是一定要扎根的，禪修讓他們面對各種人事物的挑戰時，更能夠放鬆放下，也更融會貫通到核心的體會上，再來要搭配作務與生活，均衡發展。

這都是來自那三個老婆婆的經驗，我覺得若只重修行，氣度不夠，和社會對應時會有斷層，沒有辦法和信眾有良好的互動性，這樣培養不出好人

2008 年應邀赴外蒙古參訪文殊聖山。

才。

宗教教育，基本上就是師徒教育，有很多身教的生活教化。還有每一個宗教都有一套信徒教育的模式，有的很有體制系統，有的有很強的教育機構，佛教一般就是比較隨緣鬆散，但是宗教根本上還是師徒教育。

總之，修道要有好的場所，好的資糧，這寺院經濟不可少，寺院經濟指的是道糧來源，有道才有糧，有道糧才開始有安全感，才能讓每個出家人有基本的生活安定感、安全感，然後才可以循序漸進，精進修道、辦道、成道，然後發心做弘法利生的工作。

出家就是人天師範，提供給社會精神感化及真理價值、倫理道德的灌溉、良性互動的軌則、社會秩序的導引，這些都是社會運作的和諧機制，這中

間，道場是靠信施來維持，所以教育、弘法變成一個寺院的責任，信徒回饋我們四種供養：飲食、衣服、臥具、醫藥，還有義工服務等，信眾與寺院共生成為社會教化的生態循環，這就形成寺院常住的基礎，這樣就是好的道場，四眾都可以來安心辦道，這就是福田。所謂福田，就是僧信的一個共生循環、互相增益的因果關係，這是很實際的因果儲蓄，是轉換好的心念基因種子，再去重生繁殖出好的果實。基督教說神職人員是牧羊人，眾生是羊群，我們佛教法師要對信徒啟發靈性、灌溉因果福田，所以弘法利生也是寺院經濟的來源。

剛開始，寺院經濟都是一大問題，護法善信是寺院經濟的主力，但是隨著社會商業發展，寺院經濟開始走向企業經營，這是有利有弊，要很注意。我們修道人沒有企業經營的腦筋，但就是要想到寺院的根本如何維護，如何先鞏固寺院、鞏固三寶的

品質，才能開始弘法利生，能夠善巧運用社會資源，而不是被社會這些營生的習氣綁架。

　　我想到僧俗良性互動的機制，還是要回到佛陀的教育。一方面寺院經濟要有一定的護持來源，一方面要廣開一個平台來接引有緣。那麼，從哪裡來找有緣？其實處處都是緣起，念念都是有緣。

　　佛陀時代規定了三寶跟信眾的互動關係，僧眾有戒律、信眾也有戒律。這個戒律就是出家人的衣服，就是出家人的辨識系統，戒也是止觀，也是與菩提心貫串的，戒就是保護修道的鎧甲，保護彼此、增上彼此的關係，然後達到一種和諧共生的生命關係。這個建立在信仰上的僧俗關係，就是師徒關係，因為戒律的互動在實質上會串連出好的生命網絡，會支撐家庭社會的良性循環，等於有一個無形的生命教育在支持，如果沒有這種善的環扣，這個社會會變成什麼樣子呢？

禪，是跨宗教的好幫手

現在全球資訊多元，各種學法資源都算豐富，除了廣大的民間信仰人口，另外各種宗教教派都有，佛教道場也多，諸山長老、三乘大師都很殊勝，各種佛學課、閉關都有，所以一般佛教徒都會到處參學，也有很多固定護持一師一教。所以，剛開始度眾生，我對信眾教育的態度就是在一個普遍學佛風氣下的隨緣度化。後來，我因為看到社會的趨勢下有很多信仰盲目的狀況，還有片片斷斷的學法問題，我就比較會關切那些沒有學佛的人，還有信仰上比較模糊的族群，這些人也比較剛強難度，我是這樣開始想到是不是有一個比較理性、開放的宗教平台，來幫助這些信仰上比較模糊、游離，或是比較沒有宗教信仰的這些不定族群。

當然，隨著資訊愈來愈快速，跨宗教、跨教派的問題也愈來愈多，還有虛擬網路世界的趨勢，愈

來愈多心靈空虛的問題，我常常在想，怎樣引導這些下一代的年輕人走出虛擬，走到真實裡來，然後可以讓大家普遍認識宗教，沒有包袱地學習，所以，就是這樣有了世界宗教博物館的創意。

宗博開館後，就變成接引社會與跨宗教、跨領域對話的地方，各種國際資源都來了，我就想有這些人和資源，我們還是要把大家導引到真理的核心，所以我主要還是回到「禪」來做教育，這個禪也是貫穿宗博理念的。所以，經過「禪」來幫助大家找回心的真實，只有找到心的真實，一切生命的互動網絡關係，才有愛與和平的根據。

這麼多年，我走到世界各地去，不管到哪裡，我還是「禪」。

禪就是找到自己的本心，只要找回本心，我們才尋回到和平的源頭。所以，我從禪的理念創造了

宗博，再從宗博的生命教育經驗，延伸為生命和平的教育。在這裡，讓大家可以一起探討不和平的原因，實際研擬和解的機制，創造和平的基因。這是一個從博物館的跨宗教交流，延伸出來的和平教育。

我覺得現在世界發展上，沒有看到一個整體性、永續性。知識不同、領域不同，個別差異想法也都不同，在自由競爭下，個人做法一旦坐大，為了自己的利益，就想消滅別人，影響到生態，政治上野心家是這樣、企業財閥也是、科技盲目的發展，生態環境任人宰割，人類與眾生沒有一個共生互動的良性目標，所以，很多生命處在朝不保夕的狀態。一旦某些生態環節被破壞，就是整片連鎖性的滅絕，甚至加速導致生態體系的崩潰；人文環境也是這樣，通常媒體資訊也會造成人心很大的精神壓力或污染源，這些都是文明併發症。

生活簡單就快樂，回歸靈性就是大和諧。

現在全世界以科學與民主自由是顯學，是潮流，但是開放自由到後來是不是可以有價值觀上的取捨？是不是有必要重新檢視一切發展有什麼不足？是不是有一個和諧共生平衡的走向，讓我們有更安心、更幸福的願景？我們要從教育的根源來探討，因為地球是人類唯一的財產，是我們共同的資產，人類的觀念如果先天不夠圓滿，教育下一代也會不夠圓滿，那麼我們的地球環境也會一直敗壞下去，沒有一個整體圓滿觀念來保護我們的世界。

我們如果做的一切是讓地球安定的，讓萬物平衡和諧的、良性循環的，這些天災人禍不會變本加厲，我們如果製造很多破壞地球、傷害地球的事，環境也會很快壞滅；從這裡我們看到，心是根源，緣起在一念之間，愛恨在一念之間，天堂與地獄在一念之間，戰爭與和平也是一念之間，危機與轉機

也在一念之間。這當中，有哪一個不是心性的呈現？一念之間，我們到底為何而活？為何而生？用什麼心？種什麼因？有哪一個不是觀音普門示現？

我們不要浪費生命、不要浪費時間，要把握好心念的方向盤，正面、積極、樂觀、愛心，時時刻刻都是我們行菩薩道的機會。

我們要知道無常，生命常常在剎那之間就會結束了。事實上生命不會真的消失，它只是隱顯的作用，每一個緣，都是互動的，都與我們有關，業力的網與願力的網也是一體兩面，如果是覺醒的心念，就會牽動一切的覺醒；如果是迷惑的心念，就是迷惑的混沌。不管如何，對這些緣，我們無法拒絕也不能逃避，但我們可以抉擇的是心念的走向，只要我們面對一切緣起，都能正面、積極、樂觀、有愛心，如實觀照它，為它播下正覺成佛的種子，那麼一切處就是呈現智慧的花果。

靈鷲山楓葉。

生命和平的大學園

在這地球上，每一個生命都有它的作用，佛法裡講的是萬法唯心的呈現，一切都是心念的基因，所以要創造和平的基因，當下就可以影響一切，這是完全可能的。

心是體，大悲是用，沒有一個地方離開過心性的呈現，禪舒展為菩提心，菩提心處處開花結果，呈現為華嚴世界，所以，觀音菩薩有兩個寶貝，一個是心性，就是一句「嗡嘛尼叭咪吽」，一個就是用菩提心到處做慈善，所以眾生無邊度不盡，菩薩利生事業也做不完。

回歸心性還不夠，回歸之後，還要繼續菩提心的耕耘，沒有展開菩提心的耕耘，路是走不寬廣的，報土也是無法展開的，也不能成就處處開花結果的佛國境界。你如果將菩提心轉換成愛地球、愛

和平的理念，實質環扣個人到行為面、生活面，再擴大環扣到社會面、生態面，一路環扣下去，就會是一個和平的世界，華嚴是有這些實際緣起的環扣點，才是真正利生的「一即一切」。心即一切，顯空無二無別。

華嚴世界是每一個種子都有它存在的意義。這宇宙世界海在佛陀的眼中，是圓滿無缺的，是生命覺悟的華嚴世界，但是為什麼在眾生眼裡看不到這份圓滿？到底，問題在哪裡？佛陀說這是因為妄想執著，遮蔽了眾生的眼目，讓我們看不到心的本來，也就看不到法界的本來。不入《法華》不知佛智慧，不入《華嚴》不知佛富貴。如果我們可以去掉妄想執著，去掉眼翳盲花，就可以看到了。

我們說歷史上出現過四位精神導師：孔子、耶穌、釋迦牟尼、穆罕默德，另外東方的智慧寶藏儒釋道文化，本來就有一套天人合一、自然和諧的圓

滿智慧，也是從心到身、從小我到大我的生命智慧、處世智慧。那麼，是不是人類文明發展到今天這麼進步時，我們可以從科學得到這些古老智慧文明的更多證明，來反省如何達到圓滿人生、和諧的社會，來展現我們對世界的貢獻，呈現我們對地球的保護行動。

全球化呀！有一連串波動，變得什麼事都息息相關，你沒有辦法不被牽連到。宗教本質上就是創造愛與和平的基因，愛與和平就是我們創造人生幸福的 DNA。所以宗教可以有更大的功能，可以積極扮演起和平的角色，不要被利用來挑起爭端。

在宗教交流裡，佛教教義因為無我，所以可以平等對話沒有負擔，我也覺得我們佛教是一個柔和、平衡的力量，在宗教交流上可以作為友善的橋梁，要主動促進溝通對話。這是一個大格局的趨勢，我最初的「消滅戰爭」的願望跟著這樣的趨勢

走到今天，不斷醞釀演變，最終就是如何啟發和平的反省，從創造內心的和平基因，到構築一個互動的和平機制，來播種下一代的和平種子，一直貫穿起來，這就是我對生命和平大學的願力啟動。

觀音菩薩一步步引領著我，呈現祂的慈悲給我。祂的DNA本來就是基於人類苦難的平反上。祂要做的事，就是這個時代、這個期間必然要有的救苦的方法，以此來呈現祂的慈悲和救苦，「應以何身得度即現何身」，是多麼實際的示現！

祂來了，你只要好好接受祂！祂的緣，什麼緣、什麼時間出現都是一定的；我只是多了一個願力，多了一個「貫徹祂要做的事」的意願，就是說：只要做對祂要的事情，就會有感應呈現，所以一做下去就不回頭了，我不會左顧右盼。

附錄

觀音菩薩簡要日誦修持法 心道法師修法版 CD

《大悲咒修持法》

南無常住十方佛

南無常住十方法

南無常住十方僧

（如果有壇城，可以面相壇城禮拜，先禮佛三拜。）

南無　千手千眼大慈大悲救苦救難廣大靈感觀世音

菩薩摩訶薩（三稱三拜）

稽首觀音大悲主。願力洪深相好身，

千臂莊嚴普護持，千眼光明遍觀照，

真實語中宣密語，無為心內起悲心，

速令滿足諸希求，永使滅除諸罪業。

龍天聖眾同慈護，百千三昧頓熏修，

受持身是光明幢，受持心是神通藏，

洗濯塵勞願濟海，超證菩提方便門，

我今稱誦誓皈依，所願從心悉圓滿。

南無大悲觀世音，願我速知一切法。

南無大悲觀世音，願我早得智慧眼。

南無大悲觀世音，願我速度一切眾。

南無大悲觀世音，願我早得善方便。

南無大悲觀世音，願我速乘般若船。

南無大悲觀世音，願我早得越苦海。

南無大悲觀世音，願我速得戒定道。

南無大悲觀世音，願我早登涅盤山。

南無大悲觀世音，願我速會無為舍。

南無大悲觀世音，願我早同法性身。

我若向刀山，刀山自摧折。

我若向火湯，火湯自枯竭。

我若向地獄，地獄自消滅。

我若向餓鬼，餓鬼自飽滿。

我若向修羅，惡心自調伏。

我若向畜生，自得大智慧。

南無觀世音菩薩（十稱）

南無阿彌陀佛（十稱）

〈大悲咒〉

（至少七遍，乃至一百零八遍以上）

南無・喝囉怛那・哆囉夜耶・南無・阿唎耶・婆盧羯帝・爍鉢囉耶・菩提薩埵婆耶・摩訶薩埵婆耶・摩訶迦盧尼迦耶・唵・薩皤囉罰曳・數怛那怛寫・南無悉吉慄埵・伊蒙阿唎耶・婆盧吉帝・室佛囉愣馱婆・南無・那囉謹墀・醯利摩訶皤哆沙咩・薩婆阿他・豆輸朋・阿逝孕・薩婆薩哆・那摩婆薩哆・那摩婆伽・摩罰特豆・怛姪他・唵・阿婆盧醯・盧迦帝・迦羅帝・夷醯唎・摩訶菩提薩埵・薩婆薩婆・摩囉摩囉・摩醯摩醯・唎馱孕・俱盧俱盧・羯蒙・度盧度盧・罰闍耶帝・摩訶罰闍耶帝・陀囉陀囉・地唎尼・室佛囉耶・遮囉遮囉・摩麼・罰摩囉・穆帝隸・伊醯伊醯・室那室那・阿囉嘇・佛囉舍利・罰沙罰參・佛囉舍耶・呼

嚧呼嚧摩囉‧呼嚧呼嚧醯利娑囉娑囉‧悉唎悉唎‧蘇
嚧蘇嚧‧菩提夜‧菩提夜‧菩馱夜‧菩馱夜‧彌帝唎
夜‧那囉謹墀‧地利瑟尼那‧波夜摩那‧娑婆訶‧悉
陀夜‧娑婆訶‧摩訶悉陀夜‧娑婆訶‧悉陀喻藝‧室
皤囉耶‧娑婆訶‧那囉謹墀‧娑婆訶‧摩囉那囉‧娑
婆訶‧悉囉僧‧阿穆佉耶‧娑婆訶‧娑婆摩訶‧阿悉
陀夜‧娑婆訶‧者吉囉‧阿悉陀夜‧娑婆訶‧波陀
摩‧羯悉陀夜‧娑婆訶‧那囉謹墀‧皤伽囉耶‧娑婆
訶‧摩婆利‧勝羯囉夜‧娑婆訶‧南無喝囉怛那‧哆
囉夜耶‧南無阿唎耶‧婆嚧吉帝‧爍皤囉夜‧娑婆
訶‧唵‧悉殿都‧漫多囉‧跋陀耶‧娑婆訶‧

迴向

大悲調伏眾生之本尊，廣行隨緣度化之事業，
智慧空行悲心能力雨，賜予三界有情得善妙；
有為無為一切善資糧，普遍迴向等虛空眾生，
以我發心願力普周遍，速願眾生速證遍智果。

JP0066	菩曼仁波切	林建成◎著	320元
JP0067	下面那裡怎麼了？	莉莎・瑞金◎著	400元
JP0068	極密聖境・仰桑貝瑪貴	邱常梵◎著	450元
JP0069	停心	釋心道◎著	380元
JP0070	聞盡	釋心道◎著	380元
JP0071	如果你對現況感到倦怠……	威廉・懷克羅◎著	300元
JP0072	希望之翼：倖存的奇蹟，以及雨林與我的故事	茱莉安・柯普科◎著	380元
JP0073	我的人生療癒旅程	鄧嚴◎著	260元
JP0074	因果，怎麼一回事？	釋見介◎著	240元
JP0075	皮克斯動畫師之紙上動畫《羅摩衍那》	桑傑・帕特爾◎著	720元
JP0076	寫，就對了！	茱莉亞・卡麥隆◎著	380元

橡樹林文化 ❖❖ 成就者傳記系列 ❖❖ 書目

JS0001	惹瓊巴傳	堪千創古仁波切◎著	260元
JS0002	曼達拉娃佛母傳	喇嘛卻南、桑傑・康卓◎英譯	350元
JS0003	伊喜・措嘉佛母傳	嘉華・蔣秋、南開・寧波◎伏藏書錄	400元
JS0004	無畏金剛智光：怙主敦珠仁波切的生平與傳奇	堪布才旺・董嘉仁波切◎著	400元
JS0005	珍稀寶庫——薩迦總巴創派宗師 貢嘎南嘉傳	嘉敦・強秋旺嘉◎著	350元
JS0006	帝洛巴傳	堪千創古仁波切◎著	260元

橡樹林文化 ❖❖ 蓮師文集系列 ❖❖ 書目

JA0001	空行法教	伊喜・措嘉佛母輯錄付藏	260元
JA0002	蓮師傳	伊喜・措嘉記錄撰寫	380元
JA0003	蓮師心要建言	艾瑞克・貝瑪・昆桑◎藏譯英	350元
JA0004	白蓮花	蔣貢米龐仁波切◎著	260元
JA0005	松嶺寶藏	蓮花生大士◎著	330元

橡樹林文化 ❖❖ 善知識系列 ❖❖ 書目

JB0063	離死之心	竹慶本樂仁波切◎著	400 元
JB0064	生命真正的力量	一行禪師◎著	280 元
JB0065	夢瑜伽與自然光的修習	南開諾布仁波切◎著	280 元
JB0066	實證佛教導論	呂真觀◎著	500 元
JB0067	最勇敢的女性菩薩——綠度母	堪布慈囊仁波切◎著	350 元
JB0068	建設淨土——《阿彌陀經》禪解	一行禪師◎著	240 元
JB0069	接觸大地——與佛陀的親密對話	一行禪師◎著	220 元
JB0070	安住於清淨自性中	達賴喇嘛◎著	480 元
JB0071/72	菩薩行的祕密【上下冊】	佛子希瓦拉◎著	799 元
JB0073	穿越六道輪迴之旅	德洛達娃多瑪◎著	280 元
JB0074	突破修道上的唯物	邱陽・創巴仁波切◎著	320 元
JB0075	生死的幻覺	白瑪格桑仁波切◎著	380 元
JB0076	如何修觀音	堪布慈囊仁波切◎著	260 元
JB0077	死亡的藝術	波卡仁波切◎著	250 元
JB0078	見之道	根松仁波切◎著	330 元
JB0079	彩虹丹青	祖古・烏金仁波切◎著	340 元
JB0080	我的極樂大願	卓千拉貢仁波切◎著	260 元
JB0081	再捻佛語妙花	祖古・烏金仁波切◎著	250 元
JB0082	進入禪定的第一堂課	德寶法師◎著	300 元
JB0083	藏傳密續的真相	圖敦・耶喜喇嘛◎著	300 元
JB0084	鮮活的覺性	堪千創古仁波切◎著	350 元
JB0085	本智光照——功德寶藏論　顯宗分講記	遍智　吉美林巴◎著	380 元
JB0086	普賢王如來祈願文	竹慶本樂仁波切◎著	320 元
JB0087	禪林風雨	果煜法師◎著	360 元
JB0088	不依執修之佛果	敦珠林巴◎著	320 元
JB0089	本智光照——功德寶藏論　密宗分講記	遍智　吉美林巴◎著	340 元
JB0090	三主要道論	宗喀巴大師◎著	280 元

眾生系列　JP0077

願力的財富

作　　　者／釋心道
文 字 校 對／釋法用、呂政達
照 片 提 供／靈鷲山資料中心
編　　　輯／游璧如
業　　　務／顏宏紋

總　編　輯／張嘉芳
出　　　版／橡樹林文化
　　　　　　城邦文化事業股份有限公司
　　　　　　台北市民生東路二段 141 號 5 樓
　　　　　　電話：(02)25007696　傳眞：(02)25001951
發　　　行／英屬蓋曼群島家庭傳媒股份有限公司城邦分公司
　　　　　　台北市民生東路二段 141 號 2 樓
　　　　　　書虫客服服務專線：(02)25007718；(02)25007719
　　　　　　24 小時傳眞專線：(02)25001990；(02)25001991
　　　　　　服務時間：週一至週五上午 09:30 ～ 12:00；下午 1:30 ～ 17:00
　　　　　　劃撥帳號：19863813；戶名：書虫股份有限公司
　　　　　　讀者服務信箱：service@readingclub.com.tw
　　　　　　城邦讀書花園網址：ww.cite.com.tw
香港發行所／城邦（香港）出版集團有限公司
　　　　　　香港灣仔駱克道 193 號東超商業中心 1 樓
　　　　　　電話：(852)25086231　傳眞：(852)25789337
　　　　　　E-mail：hkcite@biznetvigator.com
馬新發行所／城邦（馬新）出版集團【Cité (M) Sdn.Bhd. (458372 U)】
　　　　　　41, Jalan Radin Anum, Bandar Baru Sri Petaling,
　　　　　　57000 Kuala Lumpur, Malaysia.
　　　　　　Tel: (603) 90578822
　　　　　　Fax: (603) 90576622
　　　　　　Email:cite@cite.com.my

版面構成／歐陽碧智
封面設計／周家瑤
印　　刷／韋懋實業有限公司

初版一刷／ 2013 年 9 月
初版五刷／ 2021 年 1 月
ISBN ／ 978-986-6409-60-8
定價／ 420 元

城邦讀書花園
www.cite.com.tw

國家圖書館出版品預行編目資料

願力的財富 / 釋心道著. -- 初版. -- 臺北市：橡樹
林文化，城邦文化出版：家庭傳媒城邦分公司
發行，2013.09
　面；　公分. --（眾生系列；JP0077）
ISBN 978-986-6409-60-8（附光碟片）

1. 佛教修持

225.87　　　　　　　　　　　　102014645

廣　告　回　函
北區郵政管理局登記證
北　台　字　第 10158 號
郵資已付　免貼郵票

104 台北市中山區民生東路二段 141 號 5 樓

城邦文化事業股份有限公司

橡樹林出版事業部　收

請沿虛線剪下對折裝訂寄回，謝謝！

|橡|樹|林|

書名：願力的財富　書號：JP0077

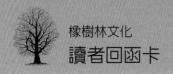

橡樹林文化
讀者回函卡

感謝您對橡樹林出版社之支持，請將您的建議提供給我們參考與改進；請別忘了給我們一些鼓勵，我們會更加努力，出版好書與您結緣。

姓名：_____　□女　□男　　生日：西元_____年

Email：_____

● 您從何處知道此書？

　□書店　□書訊　□書評　□報紙　□廣播　□網路　□廣告 DM

　□親友介紹　□橡樹林電子報　□其他_____

● 您以何種方式購買本書？

　□誠品書店　□誠品網路書店　□金石堂書店　□金石堂網路書店

　□博客來網路書店　□其他_____

● 您希望我們未來出版哪一種主題的書？（可複選）

　□佛法生活應用　□教理　□實修法門介紹　□大師開示　□大師傳記

　□佛教圖解百科　□其他_____

● 您對本書的建議：

_____

_____

_____